AF452209

FAVEURS OBTENUES

DANS LES MISSIONS

PAR LA PROTECTION ET PAR LA MÉDAILLE

DE

SAINT BENOIT

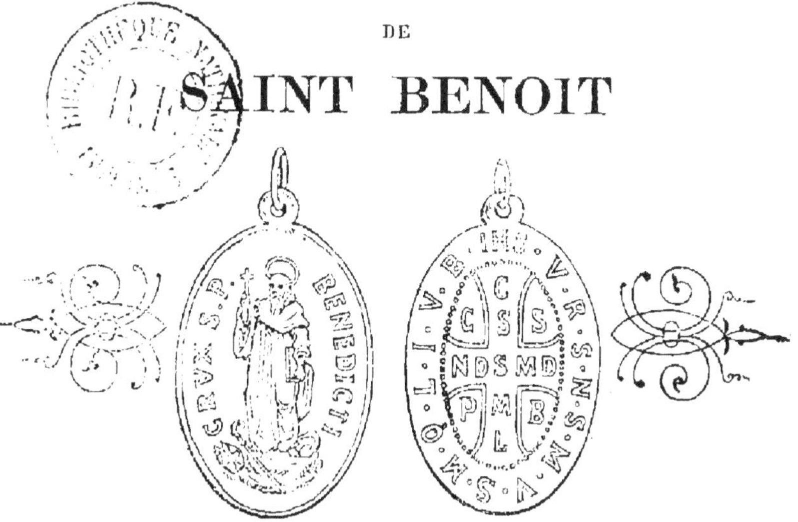

AD MAJOREM DEI GLORIAM !

DOLE

TYPOGRAPHIE ET LITHOGRAPHIE COURBE-ROUZET

1899

Soumis au décret du pape Urbain VIII, nous déclarons que les expressions
« miracles et prodiges » qui sont employées souvent dans le *Bulletin*,
doivent être prises dans leur acception commune, et non pas dans le sens
qu'y attache la Sainte Eglise.

LA MÉDAILLE DE SAINT BENOIT

SON ORIGINE

SON EMPLOI, SON EFFICACITÉ

La médaille de saint Benoit se répand d'une manière prodigieuse et consolante.

Dans leur lutte contre le satanisme qui les menace de toutes parts, les vrais enfants de l'Eglise cherchent dans cette médaille un signe d'alliance avec le patriarche des moines.

Ils ont raison.

« Porte-Drapeau du Christ », selon l'expression de saint Pierre Damien, Benoit, par le signe sacré du salut, infligea aux puissances des ténèbres des défaites innombrables. Sa mort triomphante n'a fait qu'agrandir le champ de son action. Ce n'est plus Subiaco et le mont Cassin, c'est l'univers entier.

Mettons en lumière la bienfaisante médaille. Mieux connue, elle sera plus appréciée, et les bénédictions qu'elle nous procurera répondront pleinement à nos besoins spirituels et temporels.

I

IMPORTANCE DE LA MÉDAILLE DE SAINT BENOIT

La croix a été l'instrument de la rédemption du monde, et par conséquent elle est un objet de terreur pour l'enfer.

En faisant à saint Benoit l'honneur de figurer sur une médaille avec l'effigie de la Croix, l'Eglise n'a eu d'autre but que de montrer l'efficacité que le signe sacré de notre salut a eue entre ses mains. Saint Grégoire le Grand, qui a écrit la vie du glorieux patriarche, prouve par des faits nombreux et détaillés les prodiges opérés par saint Benoit, au moyen du signe de la Croix.

Cependant, aucun des récits du grand Pape ne manifeste avec autant d'autorité la mystérieuse relation qui existe entre l'emploi du signe de la Croix et l'invocation de saint Benoit que les actes mêmes des deux premiers disciples du saint patriarche : saint Placide et saint Maur.

A Capoue, on demande à saint Placide la guérison du primicier de cette ville. Après de longues résistances de son humilité, il consent à imposer sa main sur la tête de ce prêtre atteint d'une maladie mortelle, et il le guérit instantanément en prononçant ces paroles : « Au nom de Notre-Seigneur Jésus-Christ qui, *par les prières et la vertu de notre maître saint Benoit*, m'a retiré sain et sauf du milieu des eaux, que Dieu récompense votre foi et vous rende votre première santé ».

Saint Maur, ayant quitté le grand patriarche pour établir sa règle dans les Gaules, devient à son tour un véritable thaumaturge par les grands et nombreux miracles qu'on lui demande d'opérer.

Or, tous ces miracles, il les fait par le signe de la Croix et par un appel direct aux mérites de saint Benoit.

Les fils connaissaient par expérience l'immense crédit de leur Père et la force mystérieuse du signe de la Croix entre ses mains.

En recourant avec foi à ces deux forces combinées, ils en venaient à surpasser les prodiges mêmes du saint patriarche.

Or, il y a là, croyons-nous, les éléments certains d'une vraie tradition, et on s'explique aisément comment, dans la suite des âges, la coutume introduisit de représenter sur une même médaille l'effigie de la sainte Croix et celle de saint Benoit.

II

ORIGINE DE LA MÉDAILLE DE SAINT BENOIT

Mais à quelle époque remonterait cet usage ?

C'est un point d'histoire difficile à établir.

Une guérison miraculeuse, opérée par saint Benoit en faveur de Brunon, qui fut depuis moine, puis pape sous le nom de Léon IX (1048), prouve clairement que saint Benoit apparaissant à Brunon la croix à la main, fut reconnu du jeune homme parce qu'on était déjà dans la coutume de représenter le saint législateur portant ce signe du salut.

Cependant, ce n'est qu'à partir de 1647 qu'on a des notions très précises sur la médaille de saint Benoit et les lettres empreintes sur la croix de la médaille. A cette époque, des magiciennes de Nattremberg, en Bavière, emprisonnées pour cause de maléfices, déclarèrent devant les juges que leurs manœuvres superstitieuses étaient toujours restées sans résultat dans les lieux où l'image de la sainte Croix était suspendue ou cachée en terre. Elles ajoutèrent même qu'elles n'avaient jamais pu exercer leur pouvoir sur l'abbaye de Metten, et que cette impuissance leur avait fait comprendre que la croix protégeait ce monastère.

De fait, de nombreuses croix couvraient les murs de l'abbaye, et sur ces croix étaient peintes des lettres mystérieuses dont les moines, par le malheur des temps, avaient complètement perdu le sens.

Ils ne purent tout d'abord fournir aucune explication. Mais après bien des recherches, ils mirent la main sur un manuscrit de la bibliothèque de l'abbaye ; c'était un évangéliaire remarquable contenant, à la suite des Evangiles, le traité de Rhaban-Maur sur la Croix, et parmi de nombreux dessins, un saint Benoît revêtu de la coulle monastique, et tenant dans la main droite un bâton terminé par une croix. Sur le bâton était écrit ce vers :

Crux sacra sit M lux N draco sit mihi dux.

De la main gauche du saint patriarche sortait une banderole portant ces deux autres vers :

Vade retro Sathana nuq suade M vana
Sunt mala quæ libas ipse venena bibas.

Ces vers donnaient, à n'en pas douter, la signification précise des lettres mystérieuses empreintes sur la croix de l'abbaye.

La piété catholique s'empara de cette précieuse découverte. Des médailles furent frappées, en Allemagne d'abord, puis dans toute l'Europe catholique.

Sur l'une des faces on grava l'effigie de saint Benoît tenant dans la main droite le signe du salut, et de l'autre la Règle, puis, sur le revers de la médaille, une croix empreinte des caractères mystérieux dont il a été question et qui lui donnent, en réalité, sa valeur et son efficacité.

Saint Vincent de Paul, qui mourut en 1660, paraît avoir connu cette médaille, car toutes les Sœurs de Charité la portent à leur chapelet de temps immémorial, et, durant un long intervalle, elle ne fut plus guère frappée que pour leur usage.

III

EXPLICATION DES SIGNES EMPREINTS SUR LA CROIX
OU MÉDAILLE DE SAINT BENOIT

Les lettres qu'il convient de lire tout d'abord, sur la croix de saint Benoît sont les quatre lettres placées entre les branches de la croix :

C S
P B

Elles signifient : *Crux Sancti Patris Benedicti. (Croix du saint Père Benoît.)*

C'est donc bien de la croix de saint Benoit qu'il s'agit. Sur la ligne perpendiculaire de la croix on lit :

C
S
S
M
L

Ces paroles veulent dire :

Crux Sacra Sit Mihi Lux
(Que la Croix sainte soit ma lumière.)

Sur la ligne horizontale de la même croix, on lit :

N D S M D

Ces paroles veulent dire :

Non Draco Sit Mihi Dux
(Que le Dragon ne soit pas mon Chef.)

Réunies aux précédentes, elles forment un vers latin. Le sens de ce vers est une protestation du chrétien exprimant sa confiance envers la sainte Croix et sa résistance au joug que le démon voudrait lui imposer.

Autour de la médaille se trouve une plus longue inscription qui présente d'abord, au-dessus de la croix, le monogramme du Christ Jésus : I H S, *Jésus Hominum Salvator, Jésus sauveur des hommes.*

La foi et l'expérience nous enseignent assez la toute-puissance de ce nom divin.

Viennent ensuite, en commençant par la droite, les caractères suivants :

V. R. S. N. S. M. V. S. M. Q. L. I. V. B.

Ils représentent deux autres vers latins :

Vade Retro, Satana ; Numquam Suade Mihi Vana ;
Sunt Mala Quæ Libas ; Ipse Venena Bibas.

Retire-toi, Satan, ne me conseille jamais les vanités ;
Le breuvage que tu verses est le mal ; bois toi-même les poisons.

Ces paroles sont censées sortir de la bouche de saint Benoit ; celles du premier vers, lors de la tentation qu'il éprouva et dont il triompha par le signe de la Croix ; celles du second vers, au moment où ses ennemis lui présentèrent un breuvage de mort qu'il découvrit en produisant le signe de vie sur le vase qui le contenait.

« Il n'est pas besoin d'expliquer longuement la force de cette conjuration qui oppose aux artifices et aux violences de Satan tout ce qu'il craint le plus : la Croix, le saint Nom de Jésus, les propres paroles du Sauveur dans la tentation, et enfin le souvenir des victoires que saint Benoît a remportées sur le Dragon infernal. Il suffit de prononcer ces paroles avec foi pour se sentir immédiatement fortifié, et pour défier toutes les embûches de l'enfer. Quand nous ne connaîtrions pas les faits qui démontrent à quel point Satan redoute cette médaille, la seule appréciation de ce qu'elle représente et de ce qu'elle exprime suffirait pour nous la faire considérer comme une des armes les plus puissantes que la bonté de Dieu ait mises entre nos mains contre la malice du démon ».   (DOM GUÉRANGER.)

Le chrétien peut s'approprier ces paroles, toutes les fois qu'il est en butte aux tentations et aux insultes de l'ennemi invisible du salut. Notre-Seigneur a lui-même sanctifié les premiers mots : *Vade retro Satana, retire-toi, Satan.* Leur valeur est donc éprouvée, en même temps qu'elle est garantie par l'Evangile lui-même.

Les *vanités* que le démon nous conseille sont les désobéissances à la loi de Dieu, les pompes et les fausses maximes du monde. Le *breuvage* que nous présente cet ange des ténèbres est le *péché* qui donne la mort à l'âme. Au lieu de l'accepter, nous devons le lui laisser, comme le partage qu'il s'est choisi lui-même.

<h2 style="text-align:center">IV</h2>

<h3 style="text-align:center">PUISSANTE EFFICACITÉ DE LA MÉDAILLE
DE SAINT BENOIT</h3>

Des grâces presque infinies ont été et sont encore obtenues par les mérites de la croix et par l'effigie de saint Benoît dont la médaille attire la protection. La réunion de ces deux forces est vraiment un objet de terreur pour les démons. L'expérience le prouve surabondamment.

Les effets propres et les plus directs de la médaille de saint Benoit sont :

De repousser les tentations impures ;

De procurer le repos et la sécurité aux personnes troublées ;

D'interdire aux gens malintentionnés l'accès du lieu où elle se trouve ;

De jeter la confusion dans les réunions des francs-maçons et même de faire abandonner les Loges où elle a pu être déposée et fixée ;

De dissoudre les assemblées de magie, de nécromancie ou de spiritisme, si dangereuses pour la foi ;

De calmer les esprits dans les moments de troubles, de grèves ou de révoltes ouvertes des ouvriers contre les patrons ;

De préserver du feu grisou, des explosions de chaudières ou d'éboulements dans les carrières ;

D'éloigner ou d'empêcher l'effet des engins dangereux ou nuisibles ;

D'empêcher les accidents de chemins de fer ou de voitures, et de faire éviter des malheurs certains dans ces sortes d'accidents ;

De protéger contre la foudre, l'incendie, les tempêtes, les naufrages, les inondations, les avalanches et généralement toutes les circonstances où le démon a pouvoir et permission de se mêler ;

De préserver des chutes, des morsures de serpents ou de chiens enragés, de la peste ou autres épidémies ;

De délivrer le corps humain des maléfices ou de toute autre opération diabolique ;

D'arrêter l'effet du poison ;

D'être un remède efficace contre la maladie de la pierre, les points de côté, le mal caduc, les pertes de sang et autres infirmités ;

De procurer aux femmes enceintes une heureuse délivrance et une heureuse fécondité à celles qui ne l'auraient pas ;

De rendre aux animaux empêchés par maléfices la fécondité et l'usage du lait ;

De chasser les démons des substances corporelles où ils s'étaient réfugiés et réhabiliter celles-ci avec Dieu.

Ses autres effets sont encore, dans un ordre de choses plus élevé : de déjouer les obstacles se dressant soudain contre l'établissement des œuvres utiles au salut des âmes ; de faire réussir des affaires ou des projets importants ; d'amener des secours d'argent dans les moments critiques ; de faire obtenir du succès dans les examens ; de réconcilier les ennemis entre eux et de rétablir l'union et la concorde dans les familles.

Mais que dire de l'efficacité de la médaille de saint Benoît dans l'ordre purement spirituel ? Peu de pécheurs résistent à ce moyen presque infaillible de conversion.

Un fait parmi bien d'autres : il est de 1880.

Un franc-maçon, impie déclaré, tombait gravement malade. De faux amis l'entourent et font bonne garde pour empêcher le prêtre d'arriver jusqu'à lui. Je ne sais comment on parvint à lui faire remettre une médaille de saint Benoît ; mais, la médaille reçue, cet impie tout changé demande les secours de la religion si haut et si ferme qu'on est obligé de laisser venir un prêtre qui le confesse et lui apporte solennellement le Saint Viatique.

Son entourage comptait bien se venger de cette déception sur sa dépouille mortelle, en lui faisant faire un enterrement civil. Mais les frères et amis furent déçus jusqu'au bout, saint Benoît ne pouvant permettre que le corps d'un chrétien réconcilié avec Dieu par son entremise servît à un scandale public.

M. X... fut accompagné à sa dernière demeure par les prières et les bénédictions de l'Eglise.

On pourrait multiplier à l'infini les traits ayant rapport à l'efficacité de la médaille de saint Benoît et justifier ainsi, par de nombreux exemples, chacune des assertions énoncées plus haut. On trouvera ces récits dans les opuscules de Dom Zelly et de Dom Guéranger sur la médaille de saint Benoît ; dans la vie de M. Dupont et l'ouvrage de M. d'Avrainville, les deux grands propagateurs connus de la médaille de saint Benoît au XIXᵉ siècle, et enfin dans les relations des missionnaires qui ne cessent d'obtenir par le moyen de la médaille des succès éclatants et extraordinaires.

V

OPPORTUNITÉ DE LA MÉDAILLE

Tous ces faits montrent jusqu'à la dernière évidence l'opportunité de cette médaille.

Le démon règne en maître dans le monde, et il y règne en maître parce que le surnaturel ne domine plus dans les âmes et que l'homme qui n'a plus de foi ou qu'une foi affaiblie se trouve nécessairement sans recours contre les ténèbres de son esprit et l'aveuglement de ses passions.

S'il n'y a presque plus aujourd'hui de vrais possédés, des hommes qui se déchirent, se jettent à terre, poussent des cris effrayants et donnent par leur attitude une image de l'enfer, en revanche, que de démons sous des dehors polis et cultivés !

Que d'hommes qui n'ont au cœur que la haine de Dieu, de la religion et des prêtres, et dans l'esprit qu'une préoccupation unique, la destruction de tout ce qu'il y a de plus sacré dans l'ordre religieux, moral et même politique, et l'avènement du règne de la raison pure, qui n'est autre que le règne de Satan. La société contemporaine n'est-elle pas, à l'heure qu'il est, au pouvoir de ces tristes victimes de la tyrannie du démon ?

Et chez les hommes qui, sans avoir cette haine de Dieu, n'ont pas cependant dans la pratique le courage de leurs convictions religieuses, quel envahissement en eux de l'esprit du monde ! Quelles erreurs d'appréciations et quels écarts de conduite ! Quelle tendance à ne relever de personne, à se gouverner tout seuls et à secouer le joug de toute direction morale ou religieuse ! Le démon, s'il ne règne pas en maître dans ces chrétiens dégénérés, fait en eux et par eux des gains énormes. La force d'inertie qu'il leur communique ne fait qu'accroître l'audace des méchants et prépare, dans un avenir prochain les plus redoutables catastrophes.

Non, jamais la médaille de saint Benoît n'a été aussi opportune qu'à notre époque. Satan est partout, dans les âmes, hors des âmes, dans l'air, sur terre, dans la terre même, partout, appliqué qu'il est, lui et ses innombrables légions, à nous tendre des pièges, à nous nuire et s'il le peut à *nous dévorer*. Armons-nous donc du signe de la Croix, et puisque ce signe sacré a tant de pouvoir uni aux mérites de saint Benoît, ayons entre les mains la précieuse médaille du puissant patriarche et servons-nous en avec foi.

L'Eglise l'a authentiquement reconnue et enrichie de nombreuses et précieuses indulgences.

VI

INDULGENCES ATTACHÉES A LA MÉDAILLE DE
SAINT BENOIT

Pour gagner les indulgences attachées à cette médaille, il suffit de la porter sur soi.

On ne peut se dessaisir en faveur d'une autre personne d'une médaille que l'on aurait en propre. Si on le faisait la médaille ne perdrait pas sa valeur, mais perdrait ses indulgences.

Ces indulgences sont plénières ou partielles.

1° INDULGENCES PLÉNIÈRES

1° Les indulgences plénières se gagnent les jours suivants : Noël, l'Epiphanie, Pâques, l'Ascension, la Pentecôte, la Trinité, la Fête-Dieu, l'Immaculée-Conception, la Nativité, la Purification, l'Annonciation, l'Assomption, la Toussaint et la fête de saint Benoît (21 mars). Les conditions de ces indulgences sont de réciter au moins une fois la semaine le chapelet, ou l'office divin, ou le petit office de la Sainte-Vierge, ou celui des morts, ou les psaumes de la pénitence, ou encore d'avoir, une fois la semaine, fait le catéchisme, visité les malades, distribué l'aumône aux pauvres, entendu ou célébré la Sainte Messe.

2° Celui qui, étant à l'article de la mort, recommandera pieusement son âme à Dieu, obtiendra la rémission et l'indulgence plénière de tous ses péchés.

3° Celui qui se trouvera hors d'état d'accomplir les exercices requis pour gagner les susdites indulgences, pourra cependant en jouir, s'il récite en compensation trois *Pater* et *Ave* avec l'antienne *Salve Regina,* ajoutant à la fin ces paroles : *Bénie soit la Très sainte Trinité, et loués soient le Très saint Sacrement et l'Immaculée-Conception de la Bienheureuse Vierge Marie.*

2º INDULGENCES PARTIELLES

1º Sept ans et sept quarantaines à qui aura rempli une des œuvres marquées plus haut, les jours des fêtes de Notre-Seigneur, de la Très Sainte Vierge, de saint Joseph, des saints Apôtres, et des saints Maur, Placide, Scholastique et Gertrude.

2º Un an d'indulgence à celui qui, ayant examiné sa conscience et formé le ferme propos de s'amender de ses péchés et de s'en confesser, récitera cinq fois *Pater* et *Ave.* S'il se confesse et communie, il gagnera ce jour-là une indulgence de dix ans.

Vingt ans d'indulgence, une fois la semaine, à celui qui aura prié chaque jour pour l'extirpation des hérésies.

Toutes et chacune des susdites indulgences sont applicables aux âmes du Purgatoire.

La faveur des indulgences, surajoutée aux grâces dont la médaille est par elle-même l'instrument, demande, pour être appliquée, la bénédiction spéciale d'un prêtre autorisé à cet effet.

VII

MANIÈRE DE SE SERVIR DE LA MÉDAILLE DE SAINT BENOÎT

On peut la porter suspendue au cou, ou attachée aux habits, scapulaires ou chapelets.

On peut encore la plonger dans un vase d'eau et faire boire ensuite de cette eau aux malades, en abreuver ou en laver les animaux.

On peut la fixer sur le seuil des portes, ou sur les murailles ou quelque autre part que ce soit, voire même l'enterrer dans un champ ensemencé, dans une vigne ou tout autre lieu.

Quand on veut obtenir une grâce toute particulière, il est bon de réciter en pareil cas : 5 *Gloria Patri* en l'honneur de la Passion du Sauveur, 3 *Ave* à la Sainte Vierge et 3 *Gloria Patri* en l'honneur de saint Benoît. Dans les moments de tentations, la prière la plus conforme à l'esprit de la médaille serait peut-être encore celle de la médaille elle-même : *Vade retro, Satana,* etc. Dom Rouin-Delandre, O. S. B.

(Publié par le *Pèlerin*).

FAVEURS OBTENUES

DANS LES MISSIONS

PAR LA PROTECTION ET LA MÉDAILLE DE SAINT BENOIT

Récits tirés de la correspondance des Missionnaires

(Traduction et reproduction autorisées)

PREMIER BULLETIN

Faisant suite à la nouvelle brochure publiée par les RR. PP. Bénédictins de Belgique, sous ce titre : « *La médaille ou croix de saint Benoît, surtout dans les missions.* » Chez Desclée et de Brower.

Yun-nan (Chine), 29 mars 1888. — « ... Il y a un an, notre vicaire apostolique, Mgr Fenouil, allait consacrer Mgr Chatagnon, vicaire apostolique du Su-Tchuen méridional, lorsque la veille de la cérémonie sa jambe enfla. Déjà ce mal lui était arrivé plusieurs fois, et Sa Grandeur savait quel long temps il fallait pour que ce membre revînt à son état normal. Le sacre avait déjà subi plusieurs retards, et, tout juste au moment choisi, voilà que le consécrateur tombe malade ! Un confrère eut la pieuse idée de songer à saint Benoît et d'appliquer sa médaille sur le mal. Le lendemain il n'y avait plus trace d'enflure, et la cérémonie put se faire à l'heure désignée.

« Vous avez raison de croire au rôle de saint Benoît dans les Missions... Je vais retourner à mes nouveaux chrétiens, et j'ai formé le projet de tout lui consacrer : mon premier terrain, ma première église, mon premier chrétien ; mes confrères le sauront, et ils sauront aussi les prodiges que saint Benoît opèrera dans mon district... » (Lettre du P. Vial, missionnaire apostolique.)

Zanzibar, 5 juin 1888. — « ... Les Anglais, après un combat acharné, enlevèrent aux Arabes un boutre chargé de malheureux qu'ils comptaient vendre comme esclaves. Un de ces pauvres noirs, criblé de blessures, fut porté à l'hôpital de Zanzibar. Les soins des bonnes Sœurs ne purent empêcher la gangrène de se mettre dans ses plaies. Mais l'état de son âme était bien plus déplorable encore. Il ne voulait rien entendre quand on lui parlait de devenir chrétien, et ne répondait que par d'affreux blasphèmes aux exhortations de l'Aumônier et des Sœurs. Il consentait, disait-il, à aller chez le démon et ne s'en épouvantait nullement... Cependant la mort approchait à grands pas... C'est alors que, d'après le conseil de Mgr de Courmont, notre vicaire apostolique, on mit la chère médaille de saint Benoît dans le lit du moribond, et l'on redoubla de prières à son intention. Dans la nuit qui suivit. ce malheureux, tout changé, déclara qu'il voulait croire en Dieu, Le connaître et L'aimer, et recevoir l'eau régénératrice... Il fut baptisé sans retard, et immédiatement après il perdit connaissance. Il mourut le soir même sans l'avoir recouvrée un instant... » Gloire à Dieu !

Ghazir (Syrie), août 1888. — « On vint me chercher pour une jeune fille malade d'environ 20 ans... Je la trouvai mourante, et les deux médecins qui étaient auprès d'elle n'avaient plus aucun espoir. Alors je bénis de l'eau avec la médaille de saint Benoît ; je priai Notre-Seigneur de guérir cette enfant pour sa plus grande gloire et de récompenser la foi de ses parents. La jeune fille guérit en effet au bout de peu de temps, et l'on attribua son retour à la santé à la bénédiction du missionnaire, et à la vertu de l'eau bénite.

« A la procession de clôture de la Mission, un fait vint augmenter la confiance en l'eau bénite avec la médaille de saint Benoît. Un certain Joseph de Sion était cloué au lit depuis plus de 4 mois ; on avait consulté le médecin de notre Faculté de Beyrouth, mais sans succès. Le malade ne pouvait se rendre à l'église, ni même sortir de sa maison. Cependant il désirait beaucoup prendre part à la procession en l'honneur de la sainte Vierge. Plein de foi, il prend de l'eau que j'avais bénite et l'applique au côté malade. Se sentant mieux, il descend tout seul de sa maison qui est assez éloignée. Sa présence causa une stupeur et une joie universelles. Ou cria au miracle ! Le surlendemain il vint à l'église pour se confesser et communier. Gloire à Dieu ! » (Lettre du R. P. Sacconi, *S. J.* — Relations d'Orient.)

Lagos (Côte de Benin), 3 octobre 1888. — « ... Un négociant, catholique par son baptème, mais vivant dans l'indifférence et le désordre, tomba dangereusement malade. Le P. Chausse alla le voir, mais il le trouva endurci, et il fut obligé de se retirer sans avoir rien obtenu de lui. Il parvint cependant à glisser la médaille de saint Benoît sous son oreiller. Le lendemain, le malade demanda lui-même le Père qui était venu le voir ; il reçut les sacrements et mourut en chrétien.

« Un canot portait à terre une trentaine de passagers. La mer était mauvaise. Il vint un moment où, les vagues menaçant d'embarquer, tous se penchèrent du même côté et firent chavirer la barque... Ils périrent tous, sauf un seul qui portait la médaille de saint Benoît et qui se trouva déposé sain et sauf sur le rivage. Interrogé sur ce fait, il ne put rien répondre, sinon qu'il s'était senti aller au fond de l'eau, qu'il avait perdu connaissance, et qu'il s'était retrouvé couché doucement sur le rivage, sans savoir comment... »

JOAL (Sénégal), juin 1889. — « Avec la protection de saint Benoît, nous avons fait des travaux sérieux, nécessaires, mais difficiles pour le pays. Le cimetière chrétien n'était pas fermé ; il servait de voie publique, et les animaux de la forêt venaient même parfois creuser dans les fosses. Je plaçai, il y a deux ou trois ans, une médaille de saint Benoît au pied de la grande croix qui protège les tombes, puis nous demandâmes des secours. Nous avons obtenu 3.000 fr,, et le travail gratuit de beaucoup de monde. Notre cimetière est enclos aujourd'hui d'un mur solide.

« Une rivière de 2 mètres de profondeur entravait les communications de Joal avec les villages voisins. Il fallait passer en pirogue dans les grandes eaux, et plusieurs personnes s'étaient noyées en voulant traverser à gué. Les chrétiens de la banlieue ne pouvaient venir que très difficilement à l'église. Un pont était nécessaire : mais qui le fera? Où prendra-t-on l'argent pour cela? La médaille de saint Benoît fut déposée au bord de la rivière, et, malgré les plus grandes difficultés, nous avons maintenant un bon pont de 70 mètres de longueur, et les peuples disent que ceux qui l'ont fait sont sûrs d'aller au ciel.

« Je voudrais vous parler aussi de nos écoles, de notre dispensaire pour les malades, des grandes croix que nous avons plantées ici et là, dans les lieux habités autrefois par le démon, des fétiches détruits, etc., mais ce serait trop long... Le feu prenait sans cesse à un quartier de Joal. Les médailles de saint Benoît distribuées pieusement mirent fin à ces incendies, attribuées à un maléfice, et rétablirent la paix.

« Les marabouts avaient tenté de construire une mosquée publique à Joal. Pour conjurer ce danger, nous fîmes des prières spéciales, et je plaçai une médaille de saint Benoît au pied d'un arbre planté là. Les travaux étaient déjà commencés... Pendant les prières du mois du Rosaire, la discorde se mit entre les Musulmans. Chacun enleva ses matériaux. La médaille reste seule sur le terrain... Grâces donc à Dieu, par saint Benoît ! Il ne me reste plus qu'une médaille. Les autres ont été distribuées dans le pays, et dans les endroits que j'ai évangélisés. Que saint Benoît vous presse de m'en envoyer d'autres. » (Lettre du R. P. Lamoise, missionnaire apostolique.)

Bengale occidental (Inde). — « ... Saint Benoît n'est pas en retard pour nous montrer son pouvoir. Il y a quelque temps, une femme qui était dans une position intéressante souffrait cruellement depuis trois jours et l'on avait les plus grandes craintes pour sa vie. Le mari au désespoir accourt auprès de moi, un verre d'eau à la main. Il me prie de le bénir en me disant qu'il n'y a plus de moyen naturel qui pût sauver sa femme. Je réfléchis un moment, et je me dis en moi-même : « Voici une belle occasion d'user de la médaille de saint Benoit. » Je bénis l'eau et j'y fais descendre une médaille. L'homme court à toutes jambes chez lui. Cinq minutes s'étaient à peine écoulées, qu'il revient tout essoufflé et crie à la porte ; « C'est fait ! ma femme est délivrée. Boire l'eau et être délivrée se sont faits dans le même instant. Il n'y a pas eu d'intervalle. » Alors je lui ai dit de remercier Dieu de cette faveur, ainsi que saint Benoit qui la lui avait procurée. Maintenant, je porte toujours sur moi cette précieuse médaille, et je pense qu'elle n'est pas étrangère aux bons résultats obtenus dans notre ministère. Ihargram, qui laissait beaucoup à désirer dans la pratique des vertus chrétiennes, a pris un bel essor, et donné l'exemple de la générosité et de la bonne volonté. Il était célèbre pour les querelles que des femmes trop nerveuses y suscitaient jour et nuit. Maintenant, la paix règne, ou du moins n'est plus troublée qu'à des intervalles éloignés. Nous avons acquis un nouveau village au nord d'Ihargram ; deux autres au sud sont en formation. Du côté de Midnapore, les places existantes déjà se fortifient, et deux ou trois autres ont donné leurs premiers fruits, et donnent en même temps les plus belles espérances. Tout cela est bien l'effet de la grâce. Les gens eux-mêmes viennent nous trouver et nous demander le baptème... » (Lettre du R. P. L'Hermitte, *S. J.*)

« ... J'ai lu avec avidité la petite brochure « *La médaille de saint Benoît* » et j'ai été gagné de suite à la dévotion envers votre bienheureux Père. Dans la position que j'occupe comme missionnaire, ayant un terrain épineux à défricher, j'ai besoin de grâces spéciales. Pour les obtenir, je me suis déjà adressé à saint Benoît, et j'ai ressenti en plusieurs occasions sa bienveillante influence. Hier, je lui ai été particulièrement reconnaissant : j'attribue à sa puissante intercession une pluie bienfaisante qui est venue rendre la vie à nos moissons gravement menacées par une longue sécheresse. Je remercie saint Benoît, et je continuerai à invoquer du sein de nos jungles le puissant protecteur des Missions. » (Lettre des Indes, citée par la *Revue bénédictine* de décembre 1887.)

Le Curé de Dole, soussigné, affirme que les faits ci-dessus rapportés sur l'efficacité de la médaille de saint Benoît sont extraits fidèlement de lettres de missionnaires et de documents qui lui ont été soumis et dont il a constaté l'authenticité (1).

Dole, le 9 octobre 1889.

V. Coun, curé.

N. B. — On demande instamment une petite aumône aux personnes qui s'intéressent aux Missions, à celles qui ont à remercier saint Benoît des grâces reçues par son intercession, comme à celles qui implorent son secours et espèrent de lui quelque faveur. Ces aumônes seront reçues avec reconnaissance au monastère de la Trappe d'Acey, par Pagney (Jura), et employées à envoyer des médailles de saint Benoît dans les Missions.

On prie les Missionnaires de vouloir bien se souvenir au saint Autel, des personnes qui leur envoient des médailles de saint Benoît. — On demande un Gloria Patri pour remercier Dieu des prodiges opérés par saint Benoît et par sa médaille, et le prier de les multiplier pour sa gloire et pour le salut des âmes.

Prière instante, pour l'honneur de saint Benoît, de nous faire connaître toutes les faveurs obtenues par sa puissante intercession et par sa médaille.

DEUXIÈME BULLETIN

Tong-king occidental, juin 1885. — « ... L'année dernière, pendant que je donnais la mission à Lê Thuy, j'avais essayé vainement de ramener à la Religion un notable de l'endroit qui avait eu la faiblesse d'apostasier, et s'était marié à une païenne. Cet homme avait bien fait quelques bonnes promesses en l'air, sur la sincérité desquelles je n'osais trop compter, car des raisons d'intérêt matériel le retenaient dans le parti du diable. Quelques jours après mon retour à Bùt-Dong, je le vis arriver, demandant un catéchiste pour l'instruire, lui, sa femme et ses

(1) Cette attestation se trouve dans des termes identiques à la fin de chaque Bulletin. On ne reproduit ici que la date et la signature.

enfants... Je l'encourageai à persévérer dans sa résolution, et j'envoyai le catéchiste dans sa maison. Les premiers jours tout alla bien, et toute la famille étudiait le catéchisme avec ardeur : puis, tout à coup, la femme ne voulut plus entendre parler de religion. Quand arrivait l'heure du catéchisme, elle éprouvait une terrible oppression de poitrine, poussait de profonds soupirs et jurait de toutes ses forces que jamais elle ne se ferait chrétienne. Elle parlait même de s'enfuir, en emportant son dernier enfant. Quelques chrétiens de l'endroit, qui se réunissaient dans la maison de nos néophytes pour réciter la prière en commun ressentaient eux aussi quelque chose d'extraordinaire : allumait-on la lampe, elle s'éteignait aussitôt, sans qu'il y eût le moindre souffle de vent, l'huile et la mèche étant de très bonne qualité ; une main invisible ne cessait de tirailler le chef de la chrétienté par le pan de son habit, toutes les fois qu'il voulait entrer prier dans cette malheureuse maison... J'allai visiter cette famille désolée et fis la bénédiction de la maison, exhortant les braves gens à avoir grande confiance dans la vertu de l'eau bénite et la Médaille chasse-diables, *(nom que les anciens donnent à la médaille de saint Benoît)* que je laissai dans la maison. Tout rentra dans le calme comme par enchantement... Aujourd'hui toute cette famille est heureuse de servir le bon Dieu. » (Relation du P. Girod, missionnaire apostolique.)

MANGALORE (Indes britanniques. — « Au commencement de ce mois de Marie, nous eûmes parmi les malades un indigène qui se disait musulman. L'une de nous s'enquit de ce qu'il faisait lorsqu'il était en bonne santé. Il nous présenta des certificats où on l'appelait David. « Dès mon enfance, nous dit-il, j'ai été donné à des musulmans par mon père qui était chrétien. Je ne me souviens pas d'avoir jamais mis le pied dans une église. Je ne veux pas voir le prêtre. Mes enfants sont Turcs et je le suis moi-même ». Le R. P. Kleyner qui vint le voir dans l'après-midi, ne pût en tirer autre chose et se retira profondément affligé de l'opiniâtreté de cet homme. En sortant de l'hôpital, il nous remit une médaille de saint Benoît, nous recommandant de la placer dans l'oreiller de David, ce que nous fîmes immédiatement.

« Le lendemain matin, à 5 heures, nous eûmes recours à notre remède ordinaire, l'eau de Lourdes, que le musulman avala comme une médecine. Aussitôt après nous n'hésitâmes pas à lui demander s'il désirait voir le prêtre. « Puisque cela vous plaît, répliqua-t-il, faites-le venir. » La victoire n'était remportée qu'à demi, car, à notre retour de l'église, comme nous le prévenions que le prêtre arriverait vers 6 heures, ce malheureux recueillit le peu de forces qui lui restaient pour nous dire : « Je ne suis pas chrétien ; je n'ai que faire du prêtre catholique. Je ne sais ce qu'il y a dans mes oreillers ; je ne puis dormir : changez-les moi. » Nous fûmes terrifiées. « Fais bien attention, lui observa l'une de nous, que si tu meurs dans l'état où tu es, tu iras brûler en enfer. Quant aux oreillers, on ne les changera pas... »

« C'était un dernier assaut que l'ennemi lui livrait. Nos prières redoublèrent aux pieds de Celle qui écrase la tête du serpent. Lorsqu'il nous revit, il nous dit sur un ton plus doux : « Tandis que je prenais quelques minutes de sommeil, j'ai vu en songe un personnage vénérable, portant un grand scapulaire et tenant une Croix à la main. Ce vieillard m'a parlé ainsi : « David, envoie chercher le prêtre qui est venu avant-hier, dis-lui de te baptiser, et fais ensuite tout ce qu'il voudra... » Le lion était devenu un agneau ; les Sacrements firent le reste. Et quand le Missionnaire se retirait, un pauvre Hindou, qui se trouvait dans la même salle, demanda et reçut le Baptême.

« Les deux néophytes vécurent encore quelques jours, nous édifiant par leurs bonnes dispositions. » (Lettre de sœur Anselme, Religieuse de Saint Joseph de Tarbes, citée par le *Messager des fidèles*, Août 1887.)

CANTON (Chine), 15 novembre 1886. — « ... La chapelle de saint Benoît est non seulement commencée, mais à peu près finie. J'avais beaucoup d'inquiétudes, en en posant la première pierre ; tout s'est passé dans le plus grand calme. Il faut vous avouer que j'ai choisi un des centres les plus indisciplinés pour la bâtir, sur un emplacement où tout avait été détruit en 1884. Les notables, précédemment hostiles, ont promis leur protection dès le principe, et, en effet, les travaux se sont poursuivis sans aucun accident. « Vive saint Benoît ! C'est certes bien à lui que nous devons ce changement !... » Signé † A. Chausse, Évêque, Vic. apost. du Kouang-tong.

CHA-TAO (Kouang-tong), 26 juillet 1890. — « ... J'ai reçu les médailles de saint Benoît. Depuis longtemps déjà je voulais vous raconter les merveilles accomplies par la protection de saint Benoît, sur mes chrétiens du district de Cha-tao. J'ai plus de 1600 chrétiens à ma charge, la plupart dociles et bons, mais répandus en divers endroits, et presque tous pauvres. Le district comptait 6 chapelles, mais la persécution de 1884 et 1885 en a détruit 4, la maison du missionnaire et celles de beaucoup de chrétiens. En 1886, grâce à Mgr Chausse, une chapelle a été reconstruite en l'honneur de saint Benoît.

« 1° Lors de sa construction, nous avons mis des médailles

du B. Patriarche dans les quatre murs. Depuis cinq ans qu'elle est bâtie, nous n'avons rien souffert. Les païens ne nous portent pas envie et ne parlent pas contre nous. Saint Benoît protège les siens.

« 2° En novembre 1888, une femme païenne était depuis 13 ans, presque chaque jour, comme sa famille le confesse elle-même, possédée du diable, ou plutôt de trois diables. Sa mère et son mari dépensèrent beaucoup d'argent en faisant des superstitions pour la guérir ; ils l'envoyaient même passer plusieurs jours dans les pagodes, afin que les grandes idoles la délivrassent de ces diables. Rien n'y fit. Ils se dirent alors : « Il faut l'envoyer chez les catholiques. » Le mari me la conduisit donc, en compagnie d'une de ses filles qui portait un enfant, et de deux chrétiennes, afin de prier Dieu qu'il chassât ces diables. Je les fis entrer à la chapelle. A ce moment la femme fût possédée. Je fis alors suspendre à sa poitrine des médailles de saint Benoît, et nous nous mîmes à prier pour cette malheureuse par l'intercession du grand Saint. La possédée, tantôt pleurait, tantôt gémissait sur son mari, et le blâmait de l'avoir amenée dans cette chapelle ; puis elle disait être tel démon. — Enfin elle réclama qu'on la laissât partir *(c'était le démon qui parlait par sa bouche)*, promettant de descendre en enfer et de ne plus revenir. Aussitôt elle se lève, fait trois prostrations devant l'autel, et se trouve délivrée et en possession d'elle-même. Il y a deux ans que ce fait s'est passé, et le diable n'est plus revenu en elle. J'ai omis quelques détails pour ne pas allonger mon récit. A Pâques de cette année, elle est venue, du consentement de son mari, m'apporter son petit garçon pour le baptême. Elle est catéchumène, ainsi que son mari et ses deux filles.

« 3° Un chrétien impie ne s'était pas confessé depuis vingt ans. Le 24 juin 1888, je l'ai exhorté et lui ai donné une médaille de saint Benoit, lui recommandant de la suspendre à son cou. Huit mois plus tard, cet impie tombe gravement malade. Aussitôt il m'envoie chercher par son petit-fils, reçoit les derniers sacrements et meurt saintement.

« 4° Un païen âgé de 24 ans, était souvent malade depuis quelques années, et ne pouvait exercer son métier de tisseur. Les païens et sa famille disaient que cette maladie était diabolique. Une chrétienne l'exhorta à prier Dieu et à embrasser la religion catholique. Le jour de la Toussaint, le jeune homme se présente à moi avec sa mère ; ils demandent à être chrétiens. Je leur ai expliqué les dogmes de la foi, et leur ai donné une médaille de saint Benoît, recommandant bien au malade de toujours la porter à son cou et d'invoquer ce grand saint, dont je lui donnerais le nom au Baptême. Le jeune homme fut délivré de son infirmité, apprit bien son catéchisme, et fut baptisé, ainsi que son frère. Son père et sa mère sont encore catéchumènes.

« 5° Tous mes chrétiens ont des médailles de saint Benoît. Dans ces dernières années, cinq d'entre eux sont tombés malades. Ils ont mis la médaille de saint Benoît dans un verre d'eau, ont invoqué ce grand saint, en récitant 5 *Pater*, 3 *Ave*, 3 *Gloria*, ont bu cette eau et se sont trouvés guéris. » (Lettre du P. Jean Yang.)

Dole, le 28 octobre 1890.

V. Cour, curé.

TROISIÈME BULLETIN

Nagasaki, 28 janvier 1888. — « ... Ma dévotion à saint Benoît date de bien loin, et je sens de plus en plus combien nous avons besoin de son secours, pour triompher des embûches du démon, dans ce Japon où il est encore si puissant. A chaque instant, les ouvriers apostoliques se heurtent aux obstacles qu'il suscite sous leurs pas, et quand on se trouve en sa présence, réduit à ses propres forces, on se trouve bien impuissant. — En dehors des païens, au nombre de 6 millions, il y a dans ce Vicariat plus de 50.000 descendants des anciens chrétiens du temps de saint François-Xavier, qui ont conservé des lambeaux de doctrine et un baptême quelconque. Ils nous voient, ils nous connaissent, mais ils se tiennent à l'écart, retenus par l'orgueil et des craintes chimériques que le démon entretient parmi eux. Il semble à première vue qu'il n'y a qu'à leur faire signe pour les voir rentrer dans le bercail, mais ils s'obstinent à rester dehors. Aussi les appelons-nous « *les Séparés* ».

« Saint Benoît ne nous aidera-t-il pas à triompher de cette obstination et de ces préjugés ? Je l'espère. Il a déjà montré plus d'une fois son pouvoir dans cette mission... »

Signé † J.-A Cousin, Evêque de Nagasaki (Japon méridional).

Kami-Goto (Japon méridional), 10 décembre 1887. — «... C'est dans ces îles du Kami-Goto, où nous avons 3 à 4000 chrétiens, que je travaille actuellement. Vos médailles (de saint Benoît) m'y ont suivi et ont fait des merveilles ici comme au Bungo : elles ont protégé mes néophytes contre les possessions diaboliques très fréquentes en certains endroits ; elles les ont gardés des fièvres et des épidémies, et je n'en finirais pas si je voulais vous raconter en détail toutes les faveurs dont mes chrétiens et moi leur sommes redevables.

« Depuis 2 ans, il y a en permanence dans l'île d'Arifoucou une singulière maladie qui, du premier coup, met les gens à la porte du tombeau, et qui défie tout l'art des médecins. Elle ne cède que devant les oraisons prolongées et les pratiques superstitieuses de certains sorciers ou magiciens. qui passent pour être en communication avec les malins esprits. La rumeur publique ne doute pas, elle dit tout haut que c'est une possession du démon. ou plutôt du renard (car, au Japon, le démon ou le renard c'est tout un...). Le fait est que la maladie paraît résider dans une boule de la grosseur du pouce, qui voyage à travers le corps du patient. Cette boule, tous mes chrétiens affirment l'avoir vue et touchée. Le magicien est là, accroupi, la suivant du doigt, la poursuivant de ses imprécations, jusqu'à ce qu'il ait pu l'amener à l'extrémité des pieds ou des mains et, de là. la chasser dehors. La boule sortie, le malade reprend sa vie et ses occupations ordinaires..., il ne lui reste plus trace de maladie. Quand on compare ces détails avec ceux que donne le rituel à propos des exorcismes, il n'y a guère moyen de ne pas croire qu'il y a du diabolique là-dedans.

« J'ai vu un de ces malheureux se tordre et se débattre sous les efforts de celui qui s'était emparé de lui. Trois hommes avaient peine à le tenir. Mon arrivée parut redoubler ses tortures et ses convulsions. Le démon me fit dire, par la bouche du malade et d'une manière peu polie. qu'il n'aimait guère se trouver en présence de personnes de mon espèce, (ce qui à part moi m'a bien flatté) et qu'il allait faire un vilain parti au malade si l'on ne se hâtait de me faire sortir. Je n'avais aucun droit de me trouver là. . Le possédé était un *Séparé* qui avait toujours refusé de se convertir. J'étais venu en curieux, après en avoir fait demander l'autorisation à la famille. J'avais voulu m'assurer des faits vraiment extraordinaires qu'on racontait, et surtout constater l'existence de cette boule que le rituel lui-même donne comme un des signes de la possession. Le malade parut tomber en agonie... J'essayai bien de promettre que le démon quitterait à jamais la maison, si toute la famille consentait à se faire chrétienne... Mes paroles ne furent pas même écoutées, et je dus me retirer, devant les instances réitérées des parents, et devant les bras vigoureux qui commençaient déjà à me pousser du côté de la porte.

« La maladie fut très longue... Le magicien attribua l'inefficacité de ses formules à ma visite qui avait tellement irrité le démon qu'il a failli en coûter la vie au possédé. Il a fallu doubler et tripler la dose ordinaire des offrandes de riz et de vin, et surtout bien promettre de ne plus jamais me laisser entrer dans la maison. Enfin, après plus de 2 mois de tortures, pendant lesquels le malade a été plusieurs fois en danger, le démon finit par entendre raison. Il quitta le corps du possédé, mais promit de revenir aussitôt que quelqu'un de la famille parlerait de se faire chrétien... C'est du moins ce que le sorcier déclara solennellement.

« Chose remarquable, et qui, au lieu d'éloigner de la religion, devrait décider à y rentrer au plus vite, c'est qu'une fois le baptême reçu, on paraît tout à fait exempt de cette maladie. Depuis les deux ans que je suis au Goto, sur plus de 300 malades qu'il y a eus, à Arifoucou et à Tsoutsoumi, on ne compte que 4 chrétiens, et encore pour ceux-là on peut dire que le démon ne les a jamais quittés, même au jour de leur baptême, car ils n'étaient chrétiens que de nom. Deux d'entre eux, le mari et la femme ont complètement abandonné la religion. La femme est à l'agonie en ce moment et a refusé de me recevoir. Le mari guéri, mais devenu aveugle, a pris auprès du démon un diplôme d'exorciste. Il va maintenant de maison en maison, partout où les malades l'appellent, déblatérant tout ce qu'il a entendu d'inepties contre notre sainte Religion, et empêchant les gens de se convertir. Ce n'est qu'à cette condition, dit-il, qu'il a recouvré la santé, avec promesse de recouvrer plus tard la vue, pour prix de ses services... En recevant le baptême, il avait espéré que la Religion qui nous apprend à demander à Dieu notre pain quotidien, et de n'avoir aucun souci du lendemain, non seulement le nourrirait, lui et sa famille, mais encore paierait les dépenses occasionnées par son inconduite. Les résultats n'ont pas été ce qu'il attendait. Voilà pourquoi il a cessé d'être chrétien... Le démon n'avait donc qu'un pas à faire pour passer de son cœur dans son corps.

« Quant aux autres chrétiens, ils ont été épargnés jusqu'ici. Quelqu'un, paraît-il, un magicien, frappé de cette préférence par trop marquée que le démon a pour *les Séparés*, dans un moment d'intimité, lui en demanda confidentiellement la raison. Le diable répondit : « *Les chrétiens portent sur la poitrine des morceaux d'étoffes et des morceaux de cuivre que je n'aime pas du tout.* » (Textuel). — Il s'agit des scapulaires et des médailles. — Il faut dire, qu'à la première apparition de la maladie, j'ai fait mettre dans chaque maison et donné à tous les chrétiens, pour qu'il les portassent sur eux, des médailles de saint Benoît que l'on m'avait envoyées, comme un moyen puissant de déjouer les ruses de Satan, et de rendre vains tous les efforts de ce terrible adversaire. J'avais plusieurs fois expérimenté, en de pareilles circonstances, la puissance et l'efficacité vraiment miraculeuses de cette médaille. C'est donc à coup sûr que je la

donnai à Arifoucou, comme une sauvegarde pour les maisons
et un préservatif de maladie pour les personnes. Ma confiance
n'a pas été trompée. Je croirais avoir manqué à mon devoir si
je ne racontais pas ces faveurs, et si je ne m'empressais pas d'apporter, du fond de l'Extrême-Orient, ce nouveau témoignage à
la gloire et à la louange du grand Saint. Qu'il continue à nous
couvrir de sa protection ! Qu'il fasse plus : qu'il chasse le démon de toutes ces iles où il règne en maitre, et qu'il amène au
bercail ces milliers de séparés et de païens qui s'égarent loin
des sentiers de la vérité et du salut ! Amen ! » (Lettre du
R. P. Fraineau, missionnaire apostolique.)

Dole (Jura), 21 mars 1891. Fête de saint Benoît.

V. Cour, curé, Chanoine honoraire.

QUATRIÈME BULLETIN

Zanzibar, 15 mars 1887. — « ... Un jeune sauvage poitrinaire, venu à Zanzibar, s'était présenté plusieurs fois à la consultation. Le Père le sollicitait vivement d'entrer à l'hôpital,
car il le jugeait bien malade, mais cet homme, n'osant s'y re-
fuser, remettait toujours son entrée à plus tard. Cette semaine,
le Père allant le voir, parvint à me l'amener. Bien des soins
furent prodigués d'abord à son corps ; la médaille de saint
Benoît fut attachée à son lit. Je n'approchais pas du mourant
sans invoquer ce bon Saint pour lui. Un jour enfin il se laissa
toucher par la grâce, et, suffisamment instruit, il voulut le baptême que je lui conférai à cinq heures du matin, de peur d'être
prévenue par la mort. Ce succès vraiment inattendu, je l'ai attribué à l'intercession de la sainte Vierge et de saint Benoît.
Mes actions de grâces sont vite montées au Ciel, tant mon
cœur était heureux. Le malade est encore sur son lit, d'une
faiblesse extrème, mais aussi d'une sérénité parfaite... ».

Canada. — « Dans une visite que les RR. PP. Poullet et
Savard, Rédemptoristes de sainte Anne de Beaupré, firent au
lac San-Cook, ils rencontrèrent quelques familles qu'on disait
catholiques. Depuis vingt ans qu'elles étaient là, jamais un
prêtre n'avait paru dans cette contrée. Dans la maison où les
Pères furent reçus, le père seul avait conservé quelque légère
pratique de religion. C'était la première fois que la mère, âgée

de plus de quarante ans, voyait des prêtres. Aucun des enfants n'était baptisé. Les missionnaires se mirent donc à les instruire pour les préparer au baptême. Mais un petit garçon de huit ans s'opposa avec un entêtement qui semblait satanique à ce qu'on voulait de lui. Pendant une heure, un des Pères s'efforça inutilement de lui inspirer de bons sentiments. Le démon ne voulait pas lâcher sa proie. « Je ne veux point du baptême, disait l'enfant, je veux vivre pour faire du mal, et le plus possible. » Il consentit pourtant à accepter une médaille de saint Benoît. On pria pour lui. Quelques heures après, le petit endurci était tout changé ; il déplorait sa méchanceté et demandait lui-même le baptême... » (*Messager des Fidèles*, janvier 1889).

Les lecteurs du *Bulletin*, et surtout les missionnaires à l'intention desquels il est spécialement publié, ne trouveront pas inutile qu'on mette sous leurs yeux, comme en un tableau, les côtés les plus saillants de sa merveilleuse efficacité, le tout emprunté à des auteurs d'une incontestable autorité, D. Guéranger et D. Zelly-Jacobuzj. Mais qu'ils sachent bien que de très nombreuses faveurs sont obtenues par la vertu de cette médaille dans tous nos besoins et dans les dangers si nombreux qui menacent notre salut, nos biens, notre santé et notre vie.

« On peut regarder l'action de la médaille de saint Benoît contre les embûches du démon comme le principal objet que la bonté divine s'est proposé en faisant ce don aux fidèles.

« Le plus grand nombre des grâces dont elle a été de nos jours l'instrument est relatif à la conversion subite de certains pécheurs, qui jusqu'alors avaient résisté à toutes les instances. »

D. Guéranger.

La miséricorde divine a daigné maintes fois approuver l'usage de cette médaille pour obtenir les effets suivants :

« 1º Délivrer le corps humain des maléfices, des liens et de toute autre opération diabolique ;

2º Interdire aux personnes malintentionnées l'accès du lieu où elle se trouve ;

3º Offrir un remède instantané aux animaux empoisonnés ou ensorcelés ;

4º Restituer aux animaux empêchés par maléfice la fécondité et l'usage du lait, de même que pour la fabrication du beurre et des autres choses nécessaires aux besoins de l'homme ;

5º Procurer le repos et la sécurité aux personnes tourmentées par le démon.

« A ces effets, nos Bénédictins italiens ajoutent les suivants, d'après l'expérience qu'ils en ont acquise :

1° D'être un puissant antidote contre tout poison ;

2° De délivrer de la peste ;

3° D'être un remède efficace pour la maladie de la pierre, les points de côté, le mal caduc, les pertes de sang et autres infirmités ;

4° De procurer une heureuse délivrance aux femmes enceintes ;

5° De préserver du danger de la foudre ;

6° De donner aide et assistance dans les tempêtes ;

7° D'être une arme très puissante contre toute tentation, mais principalement pour conserver la pureté de l'esprit et du cœur.

« Enfin ils ajoutent d'une voix unanime que cette sainte médaille a reçu de Dieu la puissance de déjouer tous les artifices et toutes les ruses du démon, et de renverser ses machinations, quelque bien tramées qu'elles soient déjà ; qu'elle apporte soulagement et consolation aux affligés, à ceux qu'assiège la tentation, et même aux malheureux qui sont dans les étreintes du désespoir. » Dom Zelly-Jacobuzi.

Ajoutons que le saint homme de Tours, M. Dupont, grand propagateur de la médaille de saint Benoît, engageait vivement à la répandre : « C'est le moyen, disait-il, de faire la guerre au démon du protestantisme. »

Entendons aussi les missionnaires qui nous disent : « J'ai cru remarquer que cette médaille avait une grande vertu contre la peur et tout ce qui vient de la peur, surtout chez les enfants. » Et encore : « Comme il est reconnu que cette médaille donne une vertu aux remèdes, je l'ai souvent employée en la plongeant dans les remèdes liquides, ou en la faisant toucher à ceux qui ne le sont pas. J'en ai usé pour des fièvres tierces, quartes, continues, quotidiennes, et je n'ai pas souvenance d'avoir vu la fièvre résister au remède, réitéré s'il le faut. » — « Il est notoire, écrit-on encore des Indes, que nul venin ne résiste à l'eau qu'a touché cette médaille. » Et à propos de la piqûre si douloureuse des scorpions : « L'eau qu'elle a touchée guérit instantanément le membre endolori et chasse infailliblement le virus en quelques minutes. Dans les nombreux cas d'application qui se sont présentés depuis que la médaille de saint Benoît est connue dans ce pays, on ne l'a jamais vue manquer une seule fois son effet. Aussi les Indiens l'ont-ils nommée « *la médaille du scorpion.* » Ailleurs on la nomme « *la médaille chasse-diables,* » et des missionnaires n'hésitent pas à l'appeler « *une médaille vraiment miraculeuse.* »

Nos Pères d'Italie recommandent de réciter, 5 *Gloria* en

l'honneur de la Passion de N.-S. J.-C., 3 *Ave* à la très sainte Vierge et 3 *Gloria* en l'honneur de saint Benoît. Ils conseillent de faire également ces prières chaque jour, ou au moins tous les mardis, jour spécialement consacré à la mémoire de saint Benoît dans l'ordre monastique. » (*Origine et effets admirables de la Croix ou Médaille de saint Benoît,* par D. Zelly-Jacobuzj, O. S. B.)

Dole, 11 juillet 1891. Fête de la translation du corps de saint Benoît en France.

V. Cour, curé, Chanoine honoraire.

CINQUIÈME BULLETIN

Notre-Dame de Mpala (Afrique équatoriale). Août 1889. — « Vos médailles seront reçues avec bonheur. La dévotion à saint Benoît n'est pas à introduire parmi nos néophytes ; elle existe déjà depuis longtemps et si, d'où vous êtes, vous pouviez apercevoir nos chrétiens et nos demeures, vous verriez que beaucoup portent sur leur poitrine une médaille à l'effigie de ce grand saint et puissant Protecteur. Vous verriez de plus que chaque porte de nos habitations est décorée d'une médaille du même saint, placée à côté de celle de saint Michel. — Je puis même vous citer plus d'un fait où la protection de saint Benoît est évidente pour nous. Une épidémie de petite vérole régnait dans la mission de Kibanga où j'étais alors. Le R. P. provicaire reçut à ce moment d'une bienfaitrice de Nevers une boîte de médailles de saint Benoît ; il les distribua aux enfants de l'orphelinat, où l'épidémie sévissait dans toute sa force et faisait beaucoup de victimes ; à partir de ce moment, la maladie alla en diminuant sensiblement. — Des marins, en voyage sur le lac, où les tempêtes sont fréquentes et souvent furieuses, ont dit avoir échappé à un naufrage certain, parce qu'ils portaient tous la chère médaille. — Un fait plus récent, toujours à Kibanga, prouve combien saint Benoît s'intéresse à ceux qui ont confiance en lui. Nous avons introduit les bœufs dans le pays et notre troupeau comptait déjà vingt-cinq têtes, lorsqu'une maladie épidémique vint nous enlever les sept plus belles vaches. Une médaille fut placée sur la porte du *roma*, et la maladie cessa ses ravages.

« L'un de nos villages chrétiens sera dédié à saint Benoit, mais nous ne pourrons de sitôt y bâtir une chapelle. La volonté ne manque pas, je vous l'assure, mais les ressources manquent pour la construire. Et cependant quelques centaines de francs suffiraient pour cela, et pour faire venir de France une statue du Saint, que nous voudrions faire aimer et honorer dans un pays où le diable est si puissant. Je vous communique ces idées... Si saint Benoit y met la main, nous réussirons... » (Signé : M. Guillemé, missionnaire d'Afrique, supérieur de la mission du Marungu.)

Lou-mèi-y (Yun-nan, Chine), 17 juin 1891. — « Un nouveau district à consolider, un autre à ouvrir, une église, une résidence, une école à bâtir, ne sont pas travaux de quelques jours, surtout quand on est seul. Pour tout dire, en un mot, j'habite actuellement une maison. De plus, à 30 lis plus au sud, j'ai bâti une autre église, dans une tribu différente, les *Ashi*, qui viennent en grand nombre se grouper sous la Croix.

« Cependant le diable ne m'a pas laissé tranquille ; j'ai eu sept chrétiens mis en prison, à propos de sapèques qu'ils ne devaient pas donner pour l'érection d'une pagode. J'ai fortement intéressé saint Benoit, je lui ai fait un vœu, mais, il faut l'avouer, toutes mes démarches ont été inutiles. Homme de peu de foi, je craignais des défections ; au contraire, mes chrétiens sont plus solides, ce qui vaut mieux.

« C'est pendant cette persécution que je bâtissais. A peine était-elle terminée que des bruits de révolte obligèrent le mandarin à se mettre sur un pied de guerre, et les mauvaises langues de dire que c'est contre les chrétiens, et mes chrétiens de s'enfuir dans les montagnes !

« Les affidés à la religion du *nénuphar pur* (tsin lien Kiao) se montraient les plus acharnés à semer les mauvais bruits. Ils avaient été la cause que cinq sur sept de mes chrétiens avaient été emprisonnés ; ils possédaient trois belles pagodes, sans compter beaucoup d'autres où ils avaient introduit leur culte. Voilà que tout à coup, sur un ordre supérieur, le mandarin envoie des troupes à la piste des principaux chefs de cette religion, et cela, non seulement chez moi, mais dans bien d'autres endroits du Yun-nan ; treize ont la tête tranchée à la capitale ; toutes leurs pagodes sont rasées jusqu'aux fondations, et celles qui avaient accepté ce culte vidées et fermées. Il paraît que les chefs de cette religion tramaient un complot qui avait eu déjà un commencement d'exécution à Fou-mîn-hién, où l'on avait tué deux mandarins.

« Tout particulièrement à cinq cents pas de ma résidence, existe une pagode où les païens de mon village se faisaient un malin plaisir de venir prier plus que de coutume ; leur ferveur se mesurait à leur rancune. Quand je commençais mes travaux, ils prophétisaient que je ne bâtirais pas. Ma maison bâtie, le feu se met dans huit maisons païennes ; il paraît que c'était le poussas qui n'était pas content de se voir dominé. Et voilà que ce pauvre dieu est maintenant sous les scellés ! Défense d'ouvrir, défense de prier ! Qui enfreint l'ordre se verra dépouillé de tous ses biens !

« En somme, saint Benoît a fait les choses en grand, et s'il n'a pas voulu que ma petite gloriole puisse se vanter d'avoir vaincu le mandarin, qui n'est pas le plus coupable, il a joliment rossé le démon, et par ses propres adeptes, s'il vous plaît. » (Signé : P. Vial, missionnaire apostolique.)

Dole, 13 novembre 1891. Fête de tous les Saints de l'Ordre de saint Benoît.

V. Cour, curé, Chanoine honoraire.

SIXIÈME BULLETIN

Gobalpore (Hindoustan). — « ... Laissez-moi vous parler de la dévotion à saint Benoît, que je crois avoir établie d'une façon durable à Gobalpore. Avant mon arrivée ici, la maison où nous faisons un essai de séminaire diocésain était restée longtemps inhabitée. Aussi, était-elle peuplée de serpents, de scorpions et de crapauds. Les scorpions, qui marchent « d'un pas tranquille et lent », sont faciles à éviter pendant le jour. La nuit, c'est autre chose, à moins qu'on n'ait à ses côtés une lampe allumée. Leur morsure est si terrible que les Indiens la craignent presque autant que celle des serpents venimeux. Pendant la première quinzaine de notre séjour ici, chaque fois que nous sortions, nous apercevions des serpents, et d'ordinaire, des serpents de la pire espèce, des *nayas* (serpents à lunettes) dont la morsure donne la mort en peu de temps. Un jour que mes élèves travaillaient dans la salle d'étude, une énorme naya, leur faisant visite, passa juste derrière leurs talons ! Jugez de leur effroi ! surtout que trois d'entre eux n'avaient pas de chaussure. Notre situation n'était donc pas rassurante. La pensée me vint alors de nous placer tous sous la protection de saint Benoît, dont la statue fait le plus bel ornement de notre chapelle. Avec l'autorisation de Mgr Tissot, je fis le vœu suivant : *Si nous sommes préservés des nombreux accidents qui nous menacent, je m'engage à célébrer chaque année, pendant que je serai à Gobalpore, la fête de saint Benoît le plus solennellement possible. Ce jour-là, je prêcherai sur la dévotion à ce grand saint, et tâcherai de la répandre parmi les chrétiens de l'endroit. Puis, chaque jour, à la prière du soir, nous réciterons la courte invocation : sancte Benedicte, ora pro nobis, suivie d'un* Pater *et d'un* Ave. *Et, chaque année, j'enverrai à un journal catholique, à une Revue bénédictine, si possible, une relation des faveurs obtenues par l'intercession de saint Benoît.*

Le lendemain, le frère Raphon plaça des médailles de saint Benoît sur presque toutes les portes et les fenêtres de la maison de la Chapelle et du couvent des Sœurs de saint Joseph.

Voilà seize mois que j'ai fait ce vœu, et, pendant ce temps-là, rien de bien fâcheux ne nous est arrivé. Aussi, c'est avec des cœurs pénétrés de reconnaissance que nous avons célébré la fête du 21 mars. Saint Benoît a dû être content de nous, parce qu'il nous eût été bien difficile de faire davantage. Quoique ce ne fût ni un dimanche, ni un jour férié, la plupart de nos chrétiens assistèrent à la grand'messe, et un bon nombre s'approchèrent de la Sainte Table. Le soir, aux vêpres, même assistance nombreuse. Avant la bénédiction du Très Saint Sacrement, je leur fis une instruction sur la vie et les œuvres de saint Benoît et leur expliquai pourquoi nous nous étions mis sous sa protection. Ensuite, agenouillés devant sa statue, nous l'avons invoqué et nous nous sommes consacrés à lui.

« Pour l'édification de ceux qui me liront, laissez-moi vous raconter quelques faits qui sont *pour moi* une preuve manifeste de la protection de saint Benoît. Pendant l'année qui vient de s'écouler, nous avons eu autour et même dans la maison un très grand nombre de serpents venimeux. Hier encore, un domestique a failli être mordu par une naya. Quoiqu'il en soit, rien de bien fâcheux ne nous est encore arrivé. Mais que de réels dangers nous avons courus ! Tout à côté de ma chambre se trouve une porte que j'avais l'habitude d'ouvrir chaque matin avant d'aller à l'église. Un matin, je dus me rendre à la chapelle plus tôt que d'ordinaire. Ce fut la première fois que je n'ouvris pas la porte dont je viens de parler. Or, cette nuit-là même, un de ces petits serpents que les Anglais appellent carpet-snake (serpent-tapis, sans doute à cause de la couleur de sa peau), et dont la morsure est encore plus terrible que celle des nayas, s'était blotti sur le verrou supérieur de la porte, à côté d'une médaille de saint Benoît ; il faillit mordre le domestique qui vint balayer la chambre. Heureusement, c'était grand jour ; il put le voir à temps et le tuer. Mais si, suivant mon habitude, j'avais ouvert cette porte avant le jour, j'étais infailliblement piqué par le carpet-snake.

« Peu de temps après, une des Sœurs, ouvrant l'une des fenêtres de l'école, sentit que quelque chose de froid lui avait glissé le long du bras. Aussitôt, elle secoua sa manche et un carpet-snake tomba à terre. Elle eût la présence d'esprit de le tuer. Mais quand on lui dit de quel serpent il s'agissait, elle pensa s'évanouir.

« Deux fois pendant les exercices du mois de Marie, des carpet-snakes, sans doute attirés par le son de l'harmonium, entrèrent dans l'église et vinrent se placer à mes côtés. Heureusement, quelqu'un les vit et put les tuer.

« Je pourrais faire durer longtemps encore le récit de mes aventures avec les serpents ; mais je dois y mettre un terme. Du reste, j'y reviendrai l'année prochaine, après la fête du 21 mars. Mais ces détails sont, ce me semble, capables d'inspirer une grande confiance en saint Benoît. Vous le savez, ma tournure d'esprit, ne me porte pas à voir des miracles partout ; je penche plutôt vers l'excès opposé. Toutefois, les choses étant ici ce qu'elles sont, je ne puis pas ne pas reconnaître et confesser que si aucun accident ne nous est encore arrivé, c'est à saint Benoît que nous le devons. Sans doute, il ne nous préserve pas de toute alarme ; mais il nous délivre de tout danger, ce qui nous suffit amplement. — Les nayas sont très grosses ; les carpet-snakes sont très petites et ressemblent à une chaîne de montre en argent. — Maintenant mon vœu à saint Benoît est acquitté. Faites ce qu'il vous plaira de ces quelques pages. » (Lettre du R. P. Gojon, missionnaire de saint François de Sales).

Un missionnaire belge au Bengale remercie saint Benoît qui, par sa médaille, l'a délivré, lui et ses confrères de sa résidence, d'un grand ennui et de ruineuses vexations. (*Revue bénédictine*. Novembre 1891.)

Un jour on apporta aux Sœurs de saint Paul de Chartres, à Hong-Kong, une Chinoise de 19 ans couchée dans un panier, couverte de plaies, de vermine, d'ordures et de haillons infects. Ce n'était plus guère qu'un cadavre, où les yeux seuls conservaient de la vie et avaient un regard satanique. Lorsque les Sœurs s'approchaient d'elle, la colère lui rendant des forces, elle poussait des cris sauvages, des hurlements de possédé. Une médaille de saint Benoît jetée dans son panier la calma merveilleusement. On put alors la soulever, la nettoyer et la coucher dans un lit, où elle témoigna sa joie d'un bien-être si nouveau pour elle. Les Sœurs se hâtèrent de l'instruire des vérités nécessaires à croire pour être sauvé et de la baptiser sans retard, sur sa demande, car elle mourut dans la nuit.

Hôpital de Zanzibar, 3 juin 1891. — «... Dernièrement encore, dans une circonstance exceptionnelle, j'ai eu recours à la chère médaille de saint Benoît. Je l'ai mise, ainsi qu'une médaille de la sainte Famille, sous l'oreiller d'un chrétien indien de Goa qui semblait devoir mourir dans l'impénitence. Cet homme passait sa vie dans l'ivresse. Dans un accès de fureur, le malheureux avait donné vingt coups de couteau à sa jeune femme, mariée de quelques mois seulement. La pauvre petite mourut sur le champ. Quant à lui, le crime accompli, il but de l'opium en si grande quantité qu'il resta inerte pendant vingt-quatre heures. Enfin, la veille de sa mort, la lumière se fit en lui. Son repentir fut sincère. Jugez de l'émotion générale devant un pareil fait, et chez un chrétien dans un pays arabe ! »

Monaco, 10 février 1892. Fête de sainte Scholastique.

V. Cour, curé de Dole, Chanoine honoraire.

SEPTIÈME BULLETIN

Maduré. — « ... Le R. P. Celle, nous a raconté le fait suivant. Le frère du petit roi de Sivaghunga, voyant que le Dieu des chrétiens commençait à faire parler de lui à Idéicatour, résolut lui aussi de faire parler de son idole. Il s'entend avec les brahmes ; et voilà qu'un beau jour, dans le village, le bruit se répand qu'il va y avoir une procession comme jamais on n'en avait vu. On passe plusieurs jours à faire les préparatifs. Les païens espéraient que leur dieu, en passant devant l'église des chrétiens, infligerait à ceux-ci une très pénible humiliation et narguerait notre Dieu. Les bons chrétiens d'Idéicatour ne se laissèrent pas battre ainsi. Pendant plusieurs jours ils prièrent avec ferveur le vrai Dieu du ciel d'infliger une défaite au démon qui lui enlevât l'envie de recommencer.

Le chemin que devait suivre la procession fut parsemé çà et là de médailles de saint Benoît, et un petit chrétien qui, paraît-il, n'a pas froid aux yeux, alla enterrer, pendant la nuit, une petite statuette du Sacré-Cœur dans la pagode même qui sert de résidence habituelle à l'idole. Le jour de la procession arrivé, les païens ne se doutaient pas que le matin même, hommes, femmes et enfants chrétiens, avaient jeûné et fait de longues prières pour que le diable fût humilié. . Les païens voulurent commencer la procession, et pour cela ils firent la cérémonie de l'interrogation diabolique. Ordinairement le diable répond par la bouche d'un énergumène qui devient comme son médium. — Le pays est plein de ces sorciers. — Cette fois le démon resta silencieux. On lui demandait s'il voulait aller se promener dans ses domaines, et il ne disait rien ; c'était inquiétant. Les brahmes frottent alors leur dieu avec tout ce qu'ils ont de plus doux et de plus parfumé, beurre, huile de sésame, lait de coco. sandal, etc. La nuit se passe à ces cérémonies, et l'on n'obtient pas de réponse. A la fin, cependant, le dieu fatigué avertit par des signes évidents qu'il va prononcer son oracle. Jugez de l'émotion ! Or, d'après un témoin digne de foi, il s'écria : « De grâce, laissez-moi tranquille ! Le Seigneur de làbas me brûle (il montrait l'église des chrétiens), si vous voulez me faire plaisir, éloignez-moi de lui plutôt que de m'en rapprocher. » La foudre tombée tout à coup au milieu de l'assemblée n'eut pas produit plus d'effet. On se regarda avec stupeur ; le petit roi s'en retourne l'oreille basse à Sivaghunga, et les païens honteux et confus, annoncent que la procession est renvoyée à plus tard... »

Tuticorin (Maduré), 19 janvier 1892. — « ... Hier, en parcourant les maisons des chrétiens (dans un village où le choléra venait d'éclater), j'ai passé près de celle d'un apostat. Je connaissais ce malheureux qui s'appelait Raphaël. L'an passé, j'avais cherché à le ramener à la foi, mais en vain. On racontait qu'un jour il avait pris son scapulaire et son chapelet, et était venu les porter à la chapelle, disant publiquement qu'il renonçait à la religion. Ses parents et amis avaient tenté toutes les voies pour lui inspirer d'autres sentiments, mais sans succès... J'ai demandé à le voir : on m'a introduit dans son habitation ; il était étendu sans connaissance dans un coin de la maison ; personne pour l'assister. Touché de l'état de son âme, encore plus que de l'abandon et de la misère matérielle où il se trouvait, j'ai cherché à lui rendre l'usage de ses sens pour en tirer un sentiment de repentir. Ne pouvant réussir par les remèdes, j'ai passé un scapulaire autour de son cou. A l'instant même tous ses membres se sont crispés, et le scapulaire a été brisé en morceaux et jeté bien loin. J'ai alors béni la maison et ce malheureux, puis j'ai attaché un nouveau scapulaire ; mais, chose effrayante à voir ! J'ignore par quelle puissance mystérieuse ce scapulaire a été encore arraché et brisé... Je n'en ai retrouvé qu'une partie. Sans perdre courage, j'ai recommencé à bénir et à appliquer des remèdes, puis j'ai passé autour du cou un troisième scapulaire auquel j'avais cousu une médaille de l'Immaculée-Conception, mais le scapulaire et la médaille ont disparu aussitôt, et je les ai retrouvés à une petite distance. J'étais navré. Ce misérable était là étendu, froid ; on aurait dit un cadavre ; tout le monde avait peur ; personne ne voulait lui porter secours.

« Sur ces entrefaites, un païen qui habitait dans une maison voisine, ayant été saisi du choléra, m'a appelé ; c'était un homme du même âge que l'apostat... Je me disais : voilà comme le bon Dieu change les rôles, et passe à un autre le flambeau de la foi. Quel sujet pour nous de trembler ! J'ai dû quitter le village, malgré le désir que j'avais d'y rester... » (Lettre du R. P. Caussanel. S. J.).

4 février 1882. — Hier j'ai reçu une note où l'on me donne des nouvelles de Raphaël. On me disait qu'après mon départ, il était resté gisant dans un coin ; on s'étonnait de ne pas le voir mourir ; il ne retrouvait la connaissance de temps en temps que pour blasphémer et recommander aux païens de ne pas se faire chrétiens. Samedi et dimanche, j'ai vu les chrétiens de ce village qui venaient constamment m'annoncer de nouvelles morts. Je les ai exhortés à prier et à veiller sur ce malheureux ; en même temps je donnai au catéchiste la médaille de saint Benoit qui *avait opéré la veille un grand prodige*. J'attendais avec anxiété le résultat de cette tentative extrême. Enfin voici le récit qui m'en est arrivé : « Saint Benoit a fait le miracle. Le catéchiste, en rentrant au village, fit comme vous l'aviez indiqué ; il mit la médaille de saint Benoit au cou de Raphaël qui, à ce moment, avait sa connaissance. Le malade s'en aperçut et l'arracha à l'instant. Le catéchiste, alors, selon mes indications, cacha la médaille sous sa natte ou sous le corps. Quelque temps après, ce malheureux réprouvé a paru sortir d'un profond sommeil et s'est écrié : « Qu'on appelle un prêtre ; je veux mourir en chrétien, je veux demander pardon à tous !... » On a sur-le-champ envoyé un chrétien ; le Père est parti sans délai et est arrivé vers quatre heures au village. Il a trouvé Raphaël infiniment repentant ; il l'a confessé et administré et lui a remis le scapulaire. Le malheureux a voulu demander pardon à toute la chrétienté et il l'a fait en des termes si touchants que les fidèles disaient qu'on aurait cru « que ce démon avait été tout à coup transformé en saint. » On ajoutait que ce matin seulement Raphaël était mort en prédestiné et en portant le scapulaire ». (Lettre du R. P. Caussanel. S. J. Missionnaire apostolique.)

Les lignes qu'écrivait D. Guéranger, à propos d'un fait offrant quelque analogie avec celui-ci trouvent ici leur place : « Quelques personnes ont paru étonnées de ce que, dans le fait que nous racontons, Dieu ait voulu agir par le moyen de la médaille de saint Benoît plutôt que par celle de la sainte Vierge. Elles n'ont pas réfléchi que ce raisonnement irait à anéantir le recours aux Saints, puisque la sainte Vierge exerce un pouvoir incontestablement plus étendu que celui de tous les Saints ensemble. Il serait à propos que ces personnes comprissent que Dieu lui-même, nous accordant souvent par Marie des faveurs que nous lui avions demandées sans être exaucé, Marie daigne aussi trouver bon que nous obtenions par les Saints des secours qu'il ne dépendrait que d'Elle de nous accorder. (Essai sur la médaille de saint Benoît.)

Le R. P. Caussanel écrit encore : « Ici (dans une localité différente de celle dont il est parlé dans l'autre lettre), la médaille de saint Benoît a rendu la connaissance à une personne qui mourait, non sans quelque danger pour son âme. »

TRICHINOPOLY, 1er mars 1892. — « ... Ces jours derniers, j'ai eu l'indicible bonheur de baptiser un de nos anciens élèves de Saint-Joseph. Ce jeune homme, âgé de dix-sept ans et demi, était depuis plusieurs années chrétien de cœur et d'âme. Instruit de la religion plus qu'un grand nombre de chrétiens, il aimait N. S. et la T. Ste Vierge de tout son cœur. La prière, les mortifications, même les plus austères, la chasteté dans toute sa fraîcheur lui étaient des vertus familières. Il soupirait après le jour où il serait majeur, et, par suite, maître de sa propre personne et libre de recevoir au Baptême le caractère de ce Jésus qu'il aimait de toutes les forces de son âme. Il avait en particulier une dévotion toute spéciale à la médaille de saint Benoît. Il en avait mis plusieurs dans différents endroits de sa maison, et comptait sur la puissance de ce grand saint, non seulement pour triompher de toutes les séductions et de toutes les embûches du démon, mais aussi pour obtenir la conversion de sa marâtre. Il y a quelques mois, se croyant en butte à une de ces dégoûtantes malices dont le démon se sert parfois dans ce pays pour effrayer ces pauvres païens, il envoya aussitôt un de ses amis chrétiens au collège pour demander une médaille de saint Benoît. Je la donnai avec empressement. Elle fut placée dans l'endroit du délit. Etait-ce malice diabolique ou humaine ? Je n'oserais l'affirmer. Le fait est que tout disparut, et la tranquilité régna dans la maison comme par le passé.

Saint Benoît, à coup sûr, récompensa sa foi, et de la plus belle manière : il lui obtint de recevoir le baptême en pleine connaissance, quelques heures avant sa mort, et cela dans sa propre maison, sous les yeux de sa parenté païenne. Je le baptisai sous le nom de Xavier, nom que lui-même avait choisi depuis de longues années. » (Lettre du R. P. Héraudeau, S. J. Missionnaire apostolique.)

Dôle-du-Jura, 11 juillet 1892. Fête de la translation du corps de saint Benoît en France.

V. Cour, curé, Chanoine honoraire.

HUITIÈME BULLETIN

Su-Tchuen oriental, 25 avril 1892. — «... Monsieur le Curé, c'est pour témoigner à saint Benoît la reconnaissance d'une famille chrétienne que, du centre même de la Chine, je vous adresse aujourd'hui ces quelques lignes. Tout dernièrement, une jeune femme de mon district était à terme ; c'était ses premières couches. Les douleurs avaient duré deux jours et elle n'était pas encore délivrée. Le troisième jour, de grand matin, avant l'aurore, on frappe à la porte de ma chambre ; c'est le mari qui vient me prier de donner quelques secours spirituels à sa femme dont la vie est en danger. Je me hâte de le suivre, emportant avec moi une médaille de saint Benoît. En quelques minutes j'arrive auprès de la patiente ; je la trouve en effet très affaiblie et pouvant à peine parler. En même temps je lui propose de faire vœu de porter sur elle toute sa vie la médaille de saint Benoît et de réciter tous les jours un *Pater* et un *Ave*. Elle fait le vœu. Je récite ensuite sur elle les prières qui sont marquées dans le rituel pour la délivrance des femmes enceintes et je retourne à ma résidence pour célébrer la Sainte Messe. Quelques instants à peine après la Messe, le mari m'arrive tout joyeux pour m'annoncer que sa femme est délivrée. Il me prie de baptiser l'enfant qui est également bien portant. « Eh ! bien, lui dis-je, que penses-tu de la médaille de « saint Benoît ? — Il n'y a pas de doute, Père, me répond-il, « c'est par l'effet de cette médaille miraculeuse que ma femme « a été délivrée ; à peine avait-elle fait le vœu, qu'elle s'est « sentie soulagée. »

« C'est pourquoi, Monsieur le Curé, je viens vous prier de noter dans le Bulletin cette grâce insigne obtenue par la protection de la médaille de saint Benoît. » (Lettre du P. Cacault, Missionnaire apostolique.)

N. B. — *Ce trait prouve une fois de plus que ce n'est pas sans raison que la médaille de saint Benoit est donnée comme un moyen très efficace « de procurer une heureuse délivrance aux femmes enceintes. »* (IVe Bulletin.)

GOBALPORE (Hindoustan), 26 mars 1892. — «... Saint Benoît nous a visiblement protégés pendant les douze mois qui viennent de s'écouler. Aussi, lundi dernier, 21 mars, nous avons célébré sa fête avec beaucoup de solennité et de dévotion; ce jour-là, un bon nombre de chrétiens se sont approchés de la Table Sainte. Le Père Muffat Joly se trouvait ici. C'est lui qui a officié le matin, ce qui m'a permis d'accompagner les chants liturgiques avec l'harmonium. Nous avions décoré notre chapelle comme pour les fêtes les plus solennelles de l'année. La statue de saint Benoît était entourée des fleurs les plus belles de notre jardin. Le soir, après les Vêpres du Saint, j'ai adressé quelques paroles à la Congrégation, rappelant le vœu dont je vous ai parlé dans une lettre précédente (donnée par le VIe bulletin), et insistant sur l'obligation de remercier notre Protecteur et de nous consacrer à lui. L'allocution finie, nous nous sommes tous agenouillés devant sa statue, et en guise de consécration nous avons récité à haute voix les prières recommandées par les Bénédictins d'Italie, avec la courte invocation : *Sancte Benedicte, ora pro nobis.* La bénédiction du Saint Sacrement a terminé la cérémonie.

Oui, nous avons bien des actions de grâces à rendre à saint Benoît. C'est lui, qui, pendant cette année, comme auparavant, nous a préservés de tout accident fâcheux, malgré des dangers inouïs et pour ainsi dire continuels. Je n'ai pas le temps d'énumérer toutes les visites que nous avons reçues des serpents, des scorpions et de beaucoup d'insectes venimeux. Pourtant, je ne puis résister à la tentation de vous citer quelques faits, pour vous montrer que les dangers dont je parle ne sont pas imaginaires. — Au mois de juillet, pendant que j'étais à Vizagapatam, à l'occasion de la consécration de Mgr Clerc, un soir les Sœurs de Gobalpore rentraient chez elles, après la visite au T. S. Sacrement. Tandis que l'une d'elles allumait la lampe, elle sentit un serpent lui passer sur le pied. Jugez de son effroi, quand, regardant à terre, elle aperçut auprès d'elle un énorme cobra ! Quelques jours plus tard, elle faillit mettre la main sur un autre cobra qui s'était installé sur le haut d'une commode... Au mois d'octobre, un jour que j'étais allé à Buhampore, mon domestique tua sur un de nos lits un serpent long de 2 mètres, et de la grosseur du bras vers le poignet. — Le même domestique, pendant la semaine de Noël, tua, à quelques pas de la maison des Sœurs, un autre serpent qui mesurait 2 m 20 de longueur et d'une circonférence de 0 m. 17. Tout dernièrement, à trois ou quatre jours d'intervalle, nous en avons tué deux sous la table sur laquelle nous prenons nos repas. — Le soir de la fête de saint Benoît, quand nous revenions de la chapelle, deux orphelins que j'ai ici, faillirent être mordus par un cobra qui se trouvait à la porte du clos, et que l'obscurité ne leur permettait pas de voir. Et ces mêmes cas peuvent se rencontrer tous les jours.

Mais comment expliquer ceci? En France, j'avais une peur bleue des serpents, à tel point que la vue d'un ver me faisait frissonner. Or, ici, je ne vais jamais me coucher sans pouvoir me dire : Il est possible qu'un serpent vienne pendant la nuit demander à partager ton lit, et cela ne m'empêche pas de dormir comme un bienheureux. Je puis dire la même chose de tous ceux qui vivent avec moi. Evidemment, saint Benoît qui nous protège si visiblement, peut bien aussi nous obtenir ce calme de l'âme. Que le Bon Dieu est bon de donner tant de pouvoir à ses Saints ! Que les Saints du Bon Dieu sont bons d'employer leur pouvoir à protéger et à aider ceux qui ne sont pas encore saints ! J'ai la ferme confiance que saint Benoît continuera de veiller sur nous et de nous préserver de tout accident. Vous qui avez une grande dévotion à ce bon saint, demandez-lui cette grâce pour nous. — J'attends les objets annoncés. — *Je désire surtout des médailles de saint Benoît.* (Lettre du R. P. Gojon, Missionnaire de Saint-François de Sales, d'Annecy).

RANCHI (Indes Orientales), 30 mai 1889. — «... La poste m'apporte de l'Abbaye de Maredsous un échantillon de médailles de saint Benoît et une brochure pour en expliquer le prix. Je vous remercie beaucoup de votre charitable attention. Saint Benoît m'est cher depuis de longues années et particulièrement depuis trois ans. Malade, épuisé, j'avais dû quitter brusquement la mission de Baudgaon pour être transporté dans une station plus civilisée, à Chaïbasa, où je trouverais les soins d'un docteur anglais. Entr'autres petites bénédictions, j'étais sourd comme une bûche. Je voyais, sans rien entendre, les coqs chanter et les eaux écumantes d'une belle cascade qui existe à Chaïbasa. Lisant alors une brochure sur la médaille de saint Benoît, et *voyant qu'un Père Jésuite avait été guéri d'une surdité par l'usage de cette médaille,* je commençai une neuvaine. C'était l'époque de la fête de saint Benoît. J'appliquai tous les jours la médaille à mes pauvres oreilles, et le fait est que, à la fin de la neuvaine, l'ouïe m'était revenue. Je ne crie pas au miracle, car la perte de l'ouïe était surtout la suite de la faiblesse et d'un froid de tête, et ces causes disparaissant avec le retour des forces, l'ouïe, assez naturellement, revenait aussi. Cependant j'y vis un secours particulier de votre Bienheureux Patron et cela augmenta ma confiance dans sa puissante médaillle. Aussi j'en ai demandé de Belgique ; on m'en a envoyé à plusieurs reprises, et nos bons indigènes les apprécient beaucoup. Je les réserve surtout aux Missionnaires et à leurs catéchistes. Que de fois les enfants de notre Ecole-Séminaire me disent : « *Sadhu Benedictke Chandua* ». Père, donnez-moi une médaille de saint Benoît ». C'est pour nous un plaisir de voir assez souvent dans ce pays encore païen, une belle médaille ou un rosaire au cou de nos chrétiens. Ici, le respect humain est inconnu : on porte ostensiblement le scapulaire, le chapelet, une croix, à la maison communale, au marché, partout. C'est le plus bel ornement pour nos pauvres gens. (Lettre du R. P. C. Motet, S. J.) *Revue bénédictine*, septembre 1889.

Dole, 13 novembre 1892. Fête de tous les Saints de l'Ordre de saint Benoît.

X. GUICHARD, curé, Chanoine honoraire.

NEUVIÈME BULLETIN

Récit du Révérend Père Grenier, Missionnaire apostolique de la Malaisie. — La Mission possède à Pinang un Orphelinat très considérable. Il n'est pas rare de voir les enfants païennes que l'on y amène saisies par le démon, dès qu'elles mettent les pieds dans le couvent, se débattre et se livrer à des mouvements si violents que quatre hommes robustes ne peuvent les maintenir... Mais il suffit de plonger la médaille de saint Benoît dans de l'eau qu'on leur fait boire, ou dont on les asperge, pour leur rendre instantanément le calme, en attendant l'instruction nécessaire au baptême.

Le Père Grenier ajoute que cette médaille fait des merveilles en Malaisie et est fort appréciée par les ouvriers apostoliques.

Et plus récemment, le 22 octobre 1891, le Révérend Père Grenier, écrivait de Buket-Martajam : « J'ai distribué un grand nombre de médailles de saint Benoît ; les chrétiens les recherchent ; ils les appellent « *les médailles contre le diable.* »

ACROUR (Abyssinie), 22 juillet 1892. — «... Dans nos contrées, les serpents sont nombreux et terribles. La médaille de saint Benoît est un grand préservatif contre leurs morsures : nous avons vu des faits merveilleux... » (Lettre de M. Picard, prêtre de la Mission. — Missions catholiques, 2 septembre 1892).

Relation du R. P. de Villeneuve, S. J. — «... C'est pour le missionnaire en Egypte une consolation d'avoir à sa disposition un objet qui puisse porter bonheur. Notre population, extrêmement adonnée aux amulettes, a tout à gagner à ce qu'on lui offre quelque chose qui remplace ces signes de l'infidélité. Aussi me fais-je un devoir de distribuer beaucoup de médailles de saint Benoît. Dernièrement une de celles-ci a produit un effet qui a émerveillé une famille catholique. Le voici dans toute sa simplicité.

« Un jeune homme, sorti de notre collège de X..., était à attendre oisif dans sa famille une place où il pût employer les forces de sa jeunesse. Sa conduite avait été excellente au collège ; elle fut détestable à la maison. Une affection malsaine s'empara de lui et le domina tellement que les reproches d'une amie de sa famille l'exaspérèrent. Il sauta même à la gorge du mari de cette dame, et un crime devint imminent. La dame dont je viens de parler eut la bonne pensée de coudre une médaille de saint Benoît dans le vêtement de notre infortuné, et, à partir de ce moment, celui-ci oublia complètement celle qui fallait oublier. Mais un changement de saison, amena un changement de vêtement, et aussitôt le malheureux jeune homme se souvint, et le démon reprit la direction du char qu'il dirigeait vers l'enfer. Le trouble était extrême dans la maison, lorsqu'on mit dans le vêtement (toujours à l'insu du jeune homme) une médaille de saint Benoît. Le calme revint aussitôt ; la victime échappée au démon se fit recevoir dans un cercle catholique. Inutile de dire qu'on a bien soin maintenant de munir le vêtement d'une médaille de saint Benoît. C'est un talisman qui a conquis son prestige. »

JAPON SEPTENTRIONAL, 12 décembre 1892. — «... Merci de vos bons conseils au sujet de la médaille de saint Benoît ; il y a longtemps déjà que nous y avons toutes grande confiance. Nous nous en trouvons très bien. Notre chère Sœur N... qui visite les malades à domicile a souvent l'honneur de baptiser des petits enfants dont elle attribue le baptême à la protection de saint Benoît. Quand elle ne les trouve pas encore en danger, elle les lui confie, car ne pouvant rester près d'eux, ils pourraient lui échapper, les maladies des enfants changeant vite, soit en mieux, soit en plus mal. Jusqu'à présent aucun de ceux qu'elle a mis sous la protection de saint Benoît ne lui a échappé, et elle a toujours eu la consolation de se trouver près d'eux pour les baptiser, au moment de la mort, ou quelques heures auparavant.

« Dernièrement encore une femme, trouvant que les remèdes que Sœur N... lui donnait pour son enfant, n'agissaient pas assez promptement, la remercia et appela un médecin. La Sœur, voyant qu'elle ne pouvait plus soigner l'enfant dont la maladie l'inquiétait beaucoup, s'adressa à saint Benoît, et le pria de le veiller à sa place. Le bon Saint veilla si bien qu'il le lui amena quelques semaines après, juste au moment où il allait mourir. Elle n'eut que le temps de le baptiser... La pauvre mère lui avoua qu'elle regrettait bien d'avoir été chez un autre médecin qui l'avait beaucoup moins bien soigné qu'elle ; elle avait un grand chagrin. Pour nous, nous étions dans la joie de voir cet ange aller au ciel. Vive saint Benoît ! » (Lettre de Sœur M. Auguste, Religieuse de Saint-Paul de Chartres.)

Lettre de Mgr Benoît Chouzy, Préfet apostolique du KOUANG-SY (Chine). — «... En tournée pastorale, 24 novembre 1892. Ce fut avec une joie singulière que j'accueillis la révélation des effets admirables de la médaille de mon saint Patron... Depuis la médaille ne m'a plus quitté ; j'en ai distribué aux chrétiens ; moi-même j'en ai éprouvé deux fois la vertu, comme je vais vous le raconter.

« En 1888, j'avais acquis un terrain dans la ville de Kouy-Hién, et j'y avais fait une petite construction ; peu après le voisin mourut. L'année suivante, son héritier, prétorien plein d'audace, se mit en train de nous le contester et nous menaçait d'en venir à des extrémités. Notre position au Kouang-Sy nous faisant une nécessité d'éviter ces espèces d'éclat dans la crainte des conséquences possibles, les agissements de cet homme ne laissaient pas que de m'inquiéter, d'autant plus que j'avais à m'absenter pour un temps notable. Je m'avisai donc de clouer sur le mur de sa maison, près du terrain en question, une médaille de saint Benoît, en recommandant l'affaire au grand Patriarche. Le prétorien fut confondu par le vendeur dont, contre mon attente, on obtint le retour d'un lieu assez éloigné. C'est à la médaille que j'attribuai un si heureux événement.

« En la même année 1889, j'allai pour la première fois dans une petite station nouvellement ouverte. Mes catéchumènes avaient pour voisins deux parents, le père et le fils, tellement hostiles au christianisme qu'ils ne cessaient de proférer mille menaces et malédictions contre les nouveaux convertis, qui appréhendaient des malheurs de leur part. Furtivement, je glissai une médaille de saint Benoît dans une fente du mur de la maison des deux forcenés. Chose étonnante ! Quelque temps après, le père, âgé de près de 70 ans, étant tombé malade, demanda spontanément à s'instruire de la religion ; ce qu'il fit pendant un mois, et il sollicita la grâce du Baptême avant de mourir ; qui plus est, son fils encore plus intraitable que lui, consentit et se prêta à un enterrement chrétien. Lui-même, quoique ivrogne et joueur, parla de se convertir et ne dit plus que du bien de la religion. Lors de ma visite suivante, il vint me saluer, il assista aux instructions et se montra aussi gentil que possible. Si ses vices, qu'il condamne en principe, ne lui ont pas encore permis de devenir des nôtres, il n'a cessé depuis de vivre en bonne harmonie avec les chrétiens ; ce qui est vraiment prodigieux, vu les antécédents et le caractère de cet homme. Or, à quoi attribuer ce changement inattendu, tant dans le père que dans le fils, sinon à la médaille de saint Benoît. Telle est la seule explication qu'on a pu y trouver, et que je n'hésite pas à admettre.

« La dévotion à saint Benoît et à sa médaille a donc fait des progrès parmi nous... L'an dernier, j'eus encore recours à la médaille à l'occasion d'une nouvelle compétition pour un autre terrain, et depuis lors, rien de bien fâcheux n'est encore arrivé. Dernièrement, la ville de Kouy-Hién étant troublée par des brigands incendiaires, qui ont livré aux flammes une centaine de magasins, j'ai fait placer des médailles de saint Benoît sur tous les murs de la résidence et sur les murs de clôture : j'ose compter sur la protection de mon saint Patron... Ses médailles sont fort répandues au Kouang-Sy. Mon désir est que tous les chrétiens en possèdent... »

Dole, 10 février 1893, Fête de sainte Scholastique.

X. Guichard, curé, Chanoine honoraire.

DIXIÈME BULLETIN

Pinang (Malaisie), 11 mars 1893. — «... Il y a trente-deux ans que j'habite la communauté de Pinang. J'ai toujours connu et aimé saint Benoît. J'ai constaté ici sa protection spéciale par les faits merveilleux qui se sont passés sous mes yeux. Toutes nos enfants (elles sont plus de trois cents) portent sa médaille, et aussi toutes les personnes qui ont été élevées chez nous. L'année dernière nous fîmes venir une belle statue pour contenter la dévotion de toute la maison. J'ai en saint Benoît une confiance sans borne. On appelle ici sa médaille *Lavan Seitan (contre le diable)*, car c'est là sa principale puissance. Car ici, dans ce pays païen, on voit souvent des personnes et même des enfants possédés, que cette médaille et l'eau bénite rendent à leur état lucide, comme s'ils revenaient d'un rêve.

« On me présenta un jour une païenne de 8 à 9 ans ; ses parents n'en voulaient plus, parce qu'elle était tout à fait disgraciée de la nature ; elle faisait mille contorsions, elle tremblait, elle bavait et avait une voix qui effrayait les enfants. Une aveugle fort instruite, recueillie près d'un ruisseau où ses parents l'avaient jetée, et ramassée par nous, nullement choquée de son extérieur, lui apprit vite ses prières et son catéchisme. Mais voilà qu'un soir, la pauvre petite tombe au milieu des enfants couchées au dortoir. Toutes se mirent à crier : « Arlei se meurt ! » Ignorant que c'était une attaque d'épilepsie, et sachant qu'elle désirait le baptême et était d'ailleurs assez instruite, je la baptisai. Revenue à elle, on lui suppléa les cérémonies du baptême. Ne pouvant la garder à l'orphelinat, on la plaça dans un ménage sans enfant. Mais tous les jours, elle se traînait à notre porte pour nous supplier de la reprendre. « Oui, lui dîmes-nous, mais dis alors à saint Benoît qu'il ne te laisse plus tomber devant les enfants. » Le R. P. Fée me dit : « Reprenez cette pauvre petite qu'on maltraite dans cette famille. Je lui ai bénit une médaille de saint Benoît, et, par sa protection, elle ne fera plus peur aux enfants. » La pauvre Arlei nous revint donc bien faible, mais ausssi plus d'attaques !... Deux ans après, elle mourut de la mort des justes. Dès qu'elle eut expiré, un essaim d'abeilles entra dans sa petite chambre et entoura la morte sans qu'il fut possible de l'en chasser, mais il partit de lui-même quand on eut enlevé le corps.

« Une de nos converses, Sœur Cécilia, fut atteinte il y a deux ans d'un ulcère à la cheville, très profond et large comme la paume de la main. Aucun remède ne la soulageait ; elle souffrait horriblement. Il y avait trois nuits qu'elle n'avait pas fermé l'œil. Je lisais la brochure qui parle des merveilles que la médaille de saint Benoît opère, même chez les animaux. Le Docteur vint voir la bonne Sœur, lui donna un remède, et dit qu'il fallait l'étendre sur son lit, lui bander la jambe et qu'elle ne devait pas bouger pendant un mois. La Sœur infirmière vint me le dire. La brochure à la main, j'allai trouver la malade et je lui dis : « Ma chère amie, je crois que vous valez bien un poulet, et saint Benoît en guérit. Mettez sa médaille dans cette cuvette d'eau et venez que je lave votre jambe ; je la banderai, et puis, allez vous coucher, vous devez avoir besoin de dormir. Mettez votre confiance en saint Benoît ; nous allons ce soir commencer une neuvaine pour vous avec les petites Indiennes. Demain matin ne vous levez pas avant que je ne vous le dise ». Sœur Cécilia alla se coucher, dormit la nuit entière sans se réveiller, et quand j'allai la voir le matin elle me dit : « Je ne sens plus de mal. Je crois que je suis guérie ». Je n'osais débander la jambe. Je lui dis : « Voyons, défaites-la vous-même ». Cette plaie noire avait disparu ; il n'y restait plus qu'une légère cicatrice, et depuis lors la bonne Sœur ne s'en est plus ressentie et fait son ouvrage sans peine ni souffrance. — Je regarde ce fait comme un vrai miracle...

« Une Chinoise de 11 ans fut aussi l'objet de la protection de saint Benoît. Son père l'ayant vendue à un riche Chinois et dépensé l'argent à fumer de l'opium, lui conseilla de s'échapper, en lui disant qu'il la placerait dans une maison où elle serait mieux. Il nous l'amena sans nous raconter cette histoire. Ce pauvre fou d'opium, voyant qu'au couvent sa fille ne lui rapportait rien, prit envie de la faire sortir, cachant bien qu'il voulait la revendre. En attendant, Flavie s'instruisait très bien de la doctrine chrétienne ; mais nous n'osions la baptiser, tant son père nous tourmentait pour la reprendre. Il se remua jusqu'à ce qu'on nous eût obligées de la lui rendre. Avant son départ, je mis dans le bord de son vêtement, avec son approbation, une médaille de saint Benoît, afin qu'on ne pût l'ensorceler. Elle partit en pleurant et me promit de faire chaque jour sa prière.

« Un jour que nous passions près d'elle avec les enfants, elle s'échappa pour venir nous souhaiter le bonjour, mais une seconde fois elle se montra à la fenêtre et nous dit : « Je ne puis descendre ; voyez ma chaine, je suis attachée et bien malheureuse. Priez pour moi ! — Et toi pries-tu ? — Oh ! oui, tous les jours. — Et ta médaille ? — A la même place. »

Après deux ans de détention, son père la prit à la promenade. L'enfant marchait devant, et son père causait à une petite distance avec un Chinois ; il s'agissait du marché pour la vendre encore une fois. Ni l'un ni l'autre ne se doutait que l'homme qui marchait près d'eux appartenait à la police secrète. Quand il eut tout entendu, il prit les deux Chinois et la fille et les mena au tribunal où ils durent payer une amende. Le juge demanda à Flavie si elle connaissait une maison où elle serait plus en sûreté que chez son père. « Mais oui, dit-elle, j'ai déjà été au couvent, et je ne désire rien tant que d'y retourner. » On nous la conduisit et ce fut un triomphe pour elle. Du plus loin qu'elle nous vit, elle s'écria : « Je reviens pour toujours, grâce à ma médaille ! » Nous l'avons très bien mariée ; elle est venue nous voir ; elle est très heureuse et elle porte toujours sa médaille.

« J'aurais encore bien des traits de protection de saint Benoît à vous raconter, mais le temps manque... » (Lettre de Sœur Sainte-Jeanne).

Go Gong (Cochinchine), 26 février 1893. — Saint Benoît est bien connu et aimé à Saïgon. J'ai dû vider mes poches et je n'ai pas eu assez de médailles. Notre Mère principale m'a raconté que, pendant son séjour au Japon, on avait jeté des médailles de la sainte Vierge, de saint Joseph et de saint Benoît dans un terrain contigu à celui du couvent, et occupé par des établissements de bains. On avait tenté d'acheter ce terrain, mais les propriétaires ne voulaient le vendre à aucun prix. Humainement parlant, c'était à désespérer, quand subitement, ils s'en allèrent et abandonnèrent la place aux Sœurs. (Lettre de la Supérieure de la Sainte-Enfance).

Dole-du-Jura, 11 juillet 1893. Fête de la translation, du corps de
saint Benoît en France.

X. Guichard, curé, Chanoine honoraire.

ONZIÈME BULLETIN

Zahlé (Syrie), 28 février 1893. — «... J'ai pu constater bien souvent l'effet miraculeux de la médaille de saint Benoît contre toute influence diabolique, morale ou physique.

« Il y a un an, je donnais des missions dans le diocèse de Balbeck et j'eus l'idée d'employer la médaille de saint Benoît, non seulement pour les maux physiques, mais aussi contre toute obstination ou endurcissement moral qui provient souvent de l'influence néfaste du démon.

« A Rap-Balbeck, grand village dont les habitants sont en général d'un tempérament de feu et très difficiles à traiter, il y avait tout un parti qui s'était fâché avec le curé et ne mettait plus le pied à l'église depuis 6 mois. Le nombre de gens qui formaient ce parti se montait à 60 hommes avec leurs parents, mais ils se ralliaient tous au chef de leur famille, un vieillard de soixante-dix ans, en sorte que, si on pouvait le gagner, tous ses partisans le suivraient. Je donnais alors une mission. J'allai donc chez lui avec le curé. Les récriminations commencèrent de part et d'autre. Je pris alors une médaille de saint Benoît que je plongeai, sans rien dire, dans un vase d'eau, et j'en fis boire à tous les gens présents. Vingt minutes après la réconciliation fut faite et depuis lors, environ un an et demi, ils ont continué à fréquenter l'église comme si de rien n'était.

« On vint me dire aussi qu'il y avait eu querelles et coups entre un père et son fils, que le père voulait tuer celui-ci ; en tout cas il ne voulait pas même lui permettre d'entrer dans la maison. J'y allai et, après de longs pourparlers, voyant que tout était inutile, je pris une médaille, la plongeai dans de l'eau et lui en fis boire. Presque aussitôt la réconciliation s'opéra en ma présence.

« A Balbeck, un homme de trente-deux ans refusait de se confesser ; il ne l'avait fait qu'une fois dans sa vie et il n'avait jamais communié. Je priai quelques personnes de me l'amener et leur donnai des médailles de saint Benoît. Le jeune homme refusant de venir, on lui offrit une médaille qu'il accepta avec quelque difficulté. On était à la tombée de la nuit. Dès qu'il l'eût sur lui, il vint de lui-même se confesser et il communia le lendemain.

« Les faits de ce genre m'ont frappé, en sorte que si je vois une obstination coupable je fais quelquefois boire aux gens de l'eau de la médaille sans rien dire, et presque toujours cela m'a réussi.

« A Douris, une femme souffrait depuis 9 mois de fièvres intermittentes ; tous les remèdes étaient sans effet. Des religieuses indigènes, à qui j'avais donné des médailles en leur en expliquant l'usage, lui en offrirent une, en lui disant de boire de son eau ou de la faire toucher aux remèdes. Cela lui réussit parfaitement et la femme fût guérie.

« A Deïr-el-Ahmar, un jeune enfant passant la nuit près d'une église en ruine, crut voir une femme vêtue de blanc qui l'appelait. Quoiqu'il en soit de la réalité de cette apparition, il fut tellement effrayé qu'il perdit la parole et que son corps enfla. Tous les remèdes restèrent inutiles. Une femme à qui j'avais donné une médaille, en lui disant qu'elle était miraculeuse, eut l'idée de l'employer sur l'enfant. La parole lui revint et il recouvra parfaitement la santé.

(Ce fait confirme le témoignage d'un missionnaire des Indes, « que la médaille a une grande vertu contre la peur et tout ce qui vient de la peur, surtout chez les enfants. » — Voir le IVᵉ Bulletin).

« Une religieuse indigène, sœur X...., souffrait depuis plusieurs mois d'une maladie ressemblant à la pierre ; elle gardait presque toujours le lit ; aucun remède ne la soulageait. Ayant lu par hasard *(voir le IVᵉ Bulletin)* que la médaille de saint Benoît était souveraine pour ce genre de mal, j'eus alors l'idée de lui en donner une. Dès qu'elle s'en fut servie, elle fut complètement guérie. C'était en octobre 1891 ; depuis ce temps elle n'a plus aucune atteinte de ce mal, qui la faisait souffrir depuis longtemps. Le médecin fut tellement étonné qu'il vint me demander ce qu'était cette médaille qui avait produit un effet si surprenant.

« Un fait analogue s'est produit depuis trois mois. Un enfant de trois à quatre mois, fils d'un de nos professeurs, ne pouvait uriner. On n'avait pu trouver de soulagement pour le pauvre enfant. Je donnai une médaille au père en lui racontant le fait précédent. Peu de jours après il vint me dire : « C'est surprenant ! Dès que je lui eus mis la médaille, son infirmité cessa complètement. »

« Voici un fait encore plus extraordinaire. Il y avait à Fiki une jeune fille que l'on avait mariée, avec son plein consentement, à un jeune homme de Rap, en présence d'une foule nombreuse. A quelque temps de là, elle et ses parents conçurent une haine incroyable pour le mari ; ils prétendaient même que c'était l'effet d'un sortilège ; bref, ils demandèrent à l'évêque d'annuler le mariage. La femme avait quitté son mari pour revenir chez ses parents peu de jours après la cérémonie. L'évêque fit venir les parents et la jeune fille pour tâcher de leur faire entendre raison ; mais ce fut inutile. Il les menaça même de les excommunier s'ils persistaient dans leur obstination. Tout fut inutile, Sur ces entrefaites, j'arrivais à Balbeck et Monseigneur me chargea de faire mon possible pour arranger cette affaire. Il fit venir de nouveau la femme. Elle répondit à l'évêque avec effronterie, déclarant qu'elle voulait qu'on annulât le mariage. Il la confia à quelques personnes de Balbeck pour la garder, jusqu'à ce qu'il eût fait venir le mari. J'avais donné à ces personnes des médailles de saint Benoît. A toutes les sollicitations, la malheureuse répondait qu'elle ne voulait pas retourner auprès de son mari, qu'elle se ferait musulmane si on l'y forçait, qu'elle préférait prendre du poison, et que même elle ne voulait plus jamais voir son époux. Ce qu'il y a de certain, c'est que, lorsqu'elle entendait prononcer son nom, elle tremblait de tous ses membres et disait : « Mon cœur se brise et j'éprouve une douleur incroyable ! » Que faire ? On lui donna une médaille de saint Benoît dont on lui fit boire l'eau, et on la lui fit porter Aussi ôt elle s'écria : « On dirait qu'on enlève de mon corps un poids très lourd et je sens que le repos me vient peu à peu. Il en fut ainsi, car le lendemain elle eut une entrevue avec son mari et peu après elle retourna chez lui. Elle disait à qui voulait l'entendre : « On m'avait ensorcelée et, dès que j'eus pris cette médaille, le sort a été détruit. » Je lui fis quitter un charme qu'un magicien lui avait donné. Depuis un an elle continue de vivre avec son mari.

« Je rapporte ce qu'il y a de plus frappant. Sans doute il y a des faits que je ne connais pas, car je donne souvent des mé-

dailles et je n'ai pas occasion de revenir dans les mêmes vil‑
lages de longtemps, ce qui fait qu'ils peuvent m'échapper.

« En vous remerciant du zèle que vous montrez pour faciliter
l'œuvre des Missions par vos médailles si précieuses, je reste... »
(R. P. Hawa, S. J.

Hôpital de Zanzibar, 4 juin 1889. — « Saint Benoît est vrai‑
ment puissant au delà de toute expression. Je viens d'avoir de
belles morts ; ces âmes le priaient avec moi. » (Lettre de
Mme Chevalier).

Zanzibar, 4 juillet 1890. — « Nos bonnes religieuses de l'hô‑
pital vénèrent saint Benoît du fond de leur cœur. L'une d'elles
me charge de vous dire la faveur qu'elle vient d'obtenir par son
intercession. Souffrant cruellement d'une névralgie faciale
qu'aucun remède ne calmait, elle a placé la médaille sur son
mal en invoquant la grande puissance de saint Benoît qui, à
partir de ce moment, lui a enlevé ses douleurs. Ceci s'est passé
il y a près de deux mois ; elle n'a plus ressenti quoi que ce
soit et elle travaille sans arrêt. C'est pour la gloire de ce bon
saint que la chère sœur en a parlé à ses compagnes et à moi,
qui vous transmets ce récit, persuadée que votre cœur n'y
sera pas insensible. » (Lettre de Mme Chevalier.)

Dole-du-Jura, 13 novembre 1893. Fête de tous les Saints de l'Ordre de
saint Benoît.

X. Guichard, curé.

DOUZIÈME BULLETIN

Mésopotamie 1893. (Relation d'une religieuse franciscaine).
— «... Une de nos élèves, mariée depuis six ans, était extrê‑
mement malheureuse. Son mari, ensorcelé par deux mauvaises
femmes, ne pouvait plus la supporter : les parents se joignirent
à leur fils pour faire souffrir à cette jeune femme les plus mau‑
vais traitements. L'année dernière, elle vint un jour prier dans
notre chapelle ; elle me raconta ses misères. Elle venait d'être
chassée de la famille et obligée de se retirer chez ses parents.
On lui ôta sa petite fille âgée de trois ans, sans qu'il lui fut
permis de la voir. Quelque temps après, les prêtres de la ville
s'étant intéressés à ce ménage désuni, firent rentrer la jeune
femme ; mais la situation restant la même, elle souffrait un
véritable martyre. Sa condition était absolument celle d'une

esclave. Sa petite fille elle-même, poussée par son père et par ses grands parents, lui disait les injures les plus horribles.

« Le jour de Noël, la pauvre femme s'étant échappée pour voir ses parents, vint passer quelques minutes près de nous et nous raconter une partie de ses peines. Nous lui donnâmes une médaille de saint Benoît, en lui recommandant de la glisser dans les vêtements de son mari... Le pauvre homme a été pour ainsi dire, subitement changé, et ses parents aussi. Il a fait une confession générale et ne savait comment remercier le Bon Dieu du changement qui venait de s'opérer en lui. Sa femme est venue me voir à Pâques ; elle pleurait de joie en nous racontant la conversion de son mari. Cette conversion se maintient et le ménage reste bien uni.

« Ce n'est pas le seul cas où nous avons reconnu la puissante protection de saint Benoît, depuis que nous avons de ses médailles. Bon nombre de personnes atteintes de troubles d'esprit, de scrupules ou d'autres afflictions difficiles à décrire, nous ont témoigné leur reconnaissance pour leur avoir donné de ces médailles dont elles ont apprécié la merveilleuse efficacité.

« Voici un fait qui mérite d'être connu : Il y a quelque temps on nous demandait une de ces précieuses médailles pour une femme qui a déjà mis au monde un bon nombre d'enfants, mais qui n'en a point conservé. La pauvre femme, chaque fois qu'elle se trouvait enceinte, se voyait à tout instant poursuivie d'un spectre qui se montrait à elle, et qui venait, disait-elle, la serrer à la gorge ; elle s'évanouissait toujours au même moment, ce qui arrivait chaque jour plusieurs fois. Mais depuis qu'elle est armée de la médaille protectrice, elle est délivrée de ces horribles visions et de son infirmité.

GOBALPORE (Hindoustan). 23 mars 1893. — «... Le 21 mars nous avons célébré la fête de saint Benoît aussi sollennellement que possible : le matin, messe en musique ; le soir, vêpres et sermon sur la vie et la médaille du glorieux Thaumaturge. Ensuite, pour témoigner notre reconnaissance à ce bon Saint, nous nous sommes tous consacrés à lui, et la bénédiction du Très Saint-Sacrement a terminé cette belle cérémonie.

« Il est certain que la dévotion à saint Benoît est très populaire ici. Cela se comprend : il nous donne tant de preuves de sa protection ! Les dangers dont il nous préserve depuis trois ans sont toujours les mêmes. Les serpents venimeux foisonnent autour de nous. Et pourtant aucun accident ne nous est arrivé. Grâces en soient rendues à saint Benoît ! » (Lettre du R. P. Gojon, Missionnaire de Saint François de Sales d'Annecy.) (*Voir les premières lettres : VIe et VIIIe Bulletins.*)

Séoul (Corée), 8 mai 1893. — «... Les médailles sont toujours bien accueillies, car nous avons une grande confiance en saint Benoît dont nous avons éprouvé plus d'une fois la protection cette année ci d'une manière toute providentielle.

« La ville était désolée cet hiver par une épidémie de petite vérole. Bientôt le fléau nous atteint. Que faire avec 150 enfants, et pas d'infirmerie séparée ; notre établissement est encore trop récent pour être pourvu de tout le nécessaire. Nous nous recommandons à saint Benoît, nous mettons une médaille à ceux qui n'en portaient pas encore, demandant à ce bon saint que cette triste maladie épargne ceux qui se portaient bien.

« Nous avons été pleinement exaucées. Pas un enfant n'a été pris, et pourtant ils étaient dans la même chambre, couchant côte à côte par terre avec les malades, car ici, on ne connaît pas les lits.

« Quand je dis pas un, je me trompe : une enfant qu'on avait apportée et à qui on avait oublié de mettre la médaille a été prise, tandis que les autres nouveaux à qui on avait donné de vos médailles ne se sont pas sentis du mauvais air dans lequel ils se trouvaient.

« J'ai promis à saint Benoît que, s'il nous exauçait, je vous en ferais part, et je viens aujourd'hui tenir ma promesse, en le remerciant de tout mon cœur de sa puissante protection. — Je ne sais si ma lettre vous arrivera, car je ne connais guère votre adresse. Je l'envoie en demandant à saint Benoît de vous la faire parvenir. » (Lettre de Sœur Stanislas, Religieuse de Saint-Paul de Chartres.)

Mission du Maduré, 22 mai 1893. — «... Je veux profiter du loisir que j'ai, pour vous donner quelques détails sur les merveilles opérées par la médaille de saint Benoit dans ce pays des Indes où le démon règne encore en maître absolu. Ce sera aussi le meilleur moyen de vous témoigner ma reconnaissance pour votre nouvel envoi de médailles.

« Presque tous les jours nous avons l'occasion, ici même au collège, de toucher du doigt le pouvoir que le démon exerce sur les âmes de nos pauvres élèves païens. Que de fois, ayant eu occasion de m'entretenir avec eux de religion, quand le nom de Notre-Seigneur, ou simplement de Dieu venait sur mes lèvres, on voyait les figures de ces pauvres enfants s'assombrir, et même, quelquefois, prendre un air farouche, ce qui est tout à fait contraire à leur nature timide et tranquille. Aussi, vous pouvez vous imaginer quel puissant auxiliaire nous avons dans la médaille de saint Benoît pour approcher de ces cœurs loin desquels Satan voudrait nous retenir. Seulement la difficulté est de mettre la médaille en communication avec eux. La leur présenter serait peine perdue, parce que, dans leurs dispositions présentes, ils ne consentiraient ni à la recevoir, ni à la porter sur eux. Il faut donc user de ruse et, pour mon compte sans que personne s'en doute, je glisse mes médailles dans les petites fentes des bancs des classes, où les élèves s'asseoient plusieurs heures par jour. Rarement j'ai vu mon expérience sans résultat et, très souvent, tel élève qui n'avait jamais pensé à Dieu ni à son âme, m'arrivait tout plein de troubles et d'inquiétudes et demandait à connaître la vérité. Pour sûr, ce ne sont pas des conversions tout de suite, car la plupart de nos élèves païens sont brahmes et, pour eux, la conversion à notre sainte religion veut dire un long martyre de toute leur vie ; cependant, c'est un bon commencement et même plus qu'un commencement.

« Voici un fait plus récent encore. Un jour, un jeune brahme païen vint trouver le P. Besse, et lui demanda s'il n'avait pas quelque remède contre le diable, qui pût délivrer ou soulager sa tante qui, disait-il, était possédée du démon, et pour laquelle on avait épuisé toutes les ressources de l'art des médecins et des sorciers païens. Le Père lui donna la notice sur la Médaille de saint Benoît traduite en anglais. Après l'avoir lue, l'enfant fut frappé et revint trouver le Père en lui demandant une médaille et en ajoutant : « Sûrement, si ma tante est guérie par cette médaille, ce sera une preuve évidente de la vérité de votre religion, et je me ferai moi-même catholique. » Après avoir reçu la médaille, l'enfant s'en alla et, pendant plusieurs jours, ne donna aucun signe de vie. Un peu inquiet et désirant savoir le résultat de l'affaire, le Père fit des recherches et il apprit d'un ami du jeune brahme qu'aussitôt après avoir touché la médaille, la tante avait été guérie radicalement. Que ce fut véritable possession ou seulement maladie, le fait du pouvoir de la médaille n'en était pas moins évident. Mais, direz-vous, pourquoi l'enfant ne revînt-il pas lui-même annoncer la bonne nouvelle ? C'est qu'étant brahme et ne se sentant pas le courage de suivre la vérité, il n'osa pas revoir le Père, qui, il en était sûr, l'aurait exhorté à accomplir sa promesse et à suivre la voix qui l'appelait si clairement.

« Vous le savez, les brahmes forment la noblesse du pays par l'antiquité de leur origine qu'ils supposent être divine, par leur intelligence et par l'influence qu'ils exercent sur les masses en qualité de prêtres, de guides spirituels, etc... Il n'y a pas de doute, qu'eux convertis, la conversion de l'Inde serait chose facile. Aussi le démon les a-t-il enveloppés d'un réseau de difficultés telles qu'un courage héroïque seul peut réussir à les briser...» (Lettre du R. P. Billard, S. J.). *(A continuer.)*

Dole-du-Jura, 10 février 1894. Fête de sainte Scholastique.

X. GUICHARD, curé.

TREIZIÈME BULLETIN

Zanzibar, 4 mars 1894. — « ... Quand Mgr de Courmont pourra entreprendre la bâtisse de sa cathédrale, projetée depuis bien des années et toujours empêchée par mille difficultés, quand nous verrons commencer ces travaux, je vous prierai d'insérer une action de grâce au grand Patriarche qui aura fait son œuvre... »

Zanzibar, 4 mai 1894. — « ... Le dernier courrier vous entretenait de nos angoisses si légitimes, tandis que celui d'aujourd'hui vous apporte notre action de grâce. Ci-joint un petit récit de la victoire remportée sur Satan. Monseigneur m'a chargée de vous le faire parvenir, seulement il m'a recommandé de ne nommer personne. Nous voici dans la joie ; la cathédrale est déjà commencée... » (Lettre de M. Chevalier.)

Mission du Zanguebar, 4 mai 1894. — *Action de grâce au grand saint Benoît, pour une faveur obtenue d'une manière éclatante.* — « Depuis maintes années, la Mission du Zanguebar était en butte à des difficultés que Dieu seul pouvait aplanir ; sa seule arme était donc la prière persévérante. Saint Benoît était invoqué sans cesse ; toute notre confiance lui est acquise depuis longtemps. Déjà à Saint-Benoît de la Longa, il avait daigné manifester sa puissance en le délivrant des menaces d'une peuplade sauvage qui voulait ravager le pays occupé par les Allemands, et y comprenait la Mission, la soupçonnant d'avoir des liens étroits avec eux. Là, nos prières ont été exaucées ; aussi notre reconnaissance se tourne vers saint Benoît, Patron de cette station, qui comptait tant sur sa puissante intercession.

« Aujourd'hui, un événement éclatant se passe à Zanzibar, où l'Eglise était menacée d'un schisme qui jettait dans la consternation toute la colonie catholique ! Au moment où toutes les menaces et les combinaisons semblaient atteindre leur but, un bouleversement total survint ; les autorités civiles et religieuses d'Europe s'interposèrent et firent tout évanouir en un clin d'œil.

« Le grand saint Benoît avait pris en mains la position critique de la Mission ; bien des médailles avaient été placées dans les endroits qui portaient ombrage, et des invocations continuelles s'élevaient de tous les cœurs.

« Bref, le 15 mars, un dénouement inattendu mit le comble à

la joie générale : gain de cause complet était donné à la Mission, et les ambitions sataniques de ceux qui se posaient comme ses ennemis s'évanouirent aux yeux de tous.

» Voilà donc un jour mémorable, et nous souhaitons le faire connaître au monde entier en témoignage d'action de grâce envers un saint si généreux et si puissant ! »

BROWNSVILLE (Texas), 23 mars 1894. — « ... Vous me demandez si je connais quelque prodige opéré par le bon saint Benoit. Voici un petit fait tout personnel. Avec un goût assez prononcé pour les chevaux, je suis toujours un peu ému en mettant le pied dans l'étrier ; aussi j'ai l'habitude de me recommander à saint Benoit. — Je venais d'arriver au rancho de Las Rucias, quand un vaquero vint me chercher pour baptiser un enfant moribond. Immédiatement je saute en selle. Le Mexicain avait un cheval magnifique. Comme le temps pressait, je lui proposai de faire un temps de galop. Nous abandonnâmes les rênes à nos montures qui s'excitant l'une et l'autre, partent à fond de train. Le chemin était très étroit et faisait des courbes très brusques. A un détour, au moment où le corps pesait sur un étrier, le Mexicain en voulant me devancer, m'arrache l'étrier. Je pars, la tête la première ; pensant que c'est la fin, je murmure : « O sainte Vierge ! » Au lieu de tomber, je me retrouve bien en selle et les rênes en main. Tout cela avait duré une seconde, les chevaux courant toujours ventre à terre jusqu'à l'arrivée. Le Mexicain avait tout vu. Quand nous mîmes pied à terre, je voulus plaisanter sur l'accident ; lui était pâle, et, sans répondre, il me regarda d'un air qui voulait dire : C'est égal, vous l'avez échappé belle ! — Après la sainte Vierge, j'attribue mon salut à saint Benoit : quelques secondes avant, un peu inquiet de l'ardeur extrême de nos chevaux, j'avais prié ce bon saint d'écarter les accidents.

« J'espère qu'il en éloignera d'autres encore... Je donne la médaille de saint Benoit à tous les malades. Quand arriveront celles que vous m'envoyez j'en distribuerai aux laboureurs pour les mettre dans leurs champs... Depuis cinq ans qu'il ne pleut pas, il n'y a pas un brin d'herbe dans la campagne, les animaux meurent en masse... » (Lettre du R. P. E. Chevrier, O. M. I.).

TRICHINOPOLY, 20 juin 1893. — « Il y a deux ou trois mois, le Père Larmey, pangousami de Panjampatty, était absent ; son disciple, un jeune homme très pieux vivant comme un religieux, le remplaçait autant qu'un laïque peut remplacer un prêtre. Un jour on vint dire au disciple que le diable tourmentait une pauvre chrétienne des environs. Le disciple s'y rend aussitôt ; mais à peine est-il entré dans la maison que la femme reprend son bon sens et son calme ordinaires. Le disciple laissa aux parents de cette malheureuse une médaille de saint Benoît, en leur recommandant de la mettre au cou de la femme dès qu'elle montrerait quelques signes de possession, et là-dessus il partit. A peine était-il sorti que le diable recommence à se montrer et à tourmenter la pauvre créature qu'il possédait. Les parents, alors, fidèles à l'injonction du catéchiste, lui passèrent au cou la médaille du glorieux Patriarche. Ce fut alors un spectacle horrible à voir. La possédée poussait des cris effrayants et se contournait en tous sens. « Arrachez-moi cela ! Cela me brûle, cela me brûle ! Je sortirai, je brûle ! etc., etc. » et en même temps la pauvre femme s'efforçait d'enlever elle-même la médaille, mais elle ne pouvait la toucher ; on eût dit qu'un pouvoir invisible arrêtait ses mains. Après avoir bien crié et tempêté, la possédée devint plus calme et prit un air suppliant. « Je vais sortir, dit-elle, mais au moins faites-moi sortir honorablement ; donnez-moi au moins un mouton. » — « Tu n'auras rien », répondent les parents. — « Donnez-moi au moins un coq. » — « Pas même cela. » — « Une noix de coco. » — « Pas davantage. » — « Vous me donnerez bien au moins une banane ? » — « Oh ! bien sûr que non ! » répondent les assistants, enhardis par la lâcheté du diable. — « Eh bien, je sors, dit le diable, mais je ne vous demande qu'une chose. Je me contenterai d'une feuille de bétel. — « Tu n'auras rien du tout, » lui fut-il répondu. Là-dessus, honteux et confus, le diable partit, et depuis ne s'est pas montré de nouveau. Tout avait tourné à sa confusion. Il voulait amener ces braves chrétiens à lui faire au moins un petit sacrifice, comme il s'en fait faire par les païens qu'il oblige ainsi à lui bâtir de petits pagodins. Il ne put y arriver, grâce à Dieu, par l'intercession de saint Benoît.

« Dans un petit village où je vais assez souvent, on me demande beaucoup de médailles de saint Benoît ; une ou deux femmes, sont, *dit-on*, tourmentées parfois par le diable et ne sont calmées que par la vue de la sainte médaille. — L'année dernière, près de Kodikanel, j'avais mis une médaille de saint Benoît derrière le dos d'un diablotin d'une pagode champêtre, Cette année le diablotin avait disparu, et je n'ai vu que le piédestal où deux diablotins sont sculptés en bas-relief ; j'y ai mis une autre médaille. — J'ai donné beaucoup de médailles à nos chrétiens, si exposés dans ce pays presque entièrement païen. J'en ai fait cacher dans des maisons païennes, d'où je pense, elles chasseront le diable et attireront les bons anges. — Je vous remercie donc beaucoup de m'aider ainsi à faire quelque bien... » (Lettre du R. P. Lacombe, S. J.).

Gobalpore (Hindoustan), 8 avril 1894. — « Ce n'est qu'hier que nous avons célébré avec toute la solennité possible la fête de saint Benoît. Nous avions tous à cœur de le remercier d'avoir veillé sur nous pendant cette dernière année. Le bon Dieu a voulu qu'une circonstanee particulière donnât une ferveur exceptionnelle à notre dévotion envers ce grand saint. Figurez-vous que pendant la nuit du 6 au 7, vers une heure du matin, le F. Descombes s'étant levé pour fermer une véni-tienne, trouva sous son lit un serpent long de deux pieds ! Jugez de son émotion ! Le serpent tué, le Frère tomba à genoux, remerciant saint Benoît d'avoir veillé sur nous tous.

« Quelque temps auparavant, le F. Tyrode, entrant dans une chambre des dépendances du séminaire, un gros serpent lui tomba sur la tête, mais n'eût pas le temps de le mordre. Que de faits du même genre je pourrais encore vous citer ! Mais à quoi bon ? puisque ce que je viens de vous dire suffit pour dé-montrer que saint Benoît nous protège visiblement. Mille ac-tions de grâces lui soient rendues !

« Toute la Congrégation s'est unie à nous pour célébrer sa fête, en recevant les sacrements de pénitence et d'Eucharistie. » (4e lettre du R. P. Gojon, missionnaire de saint François de Sales, d'Annecy.)

Dole-du-Jura, 11 juillet 1894. Fête de la translation du corps de
saint Benoît en France.

X. Guichard, curé.

QUATORZIÈME BULLETIN

Ambohimahasoa, Betsileo (Madagascar), 8 mai 1894. — « Monsieur le curé. Votre Bulletin réveille un remords dans ma conscience, et me reproche ma négligence à publier une grâce insigne accordée à mon district par saint Benoît :

« I. Il y a trois ans, un gouverneur très intelligent et civilisé, mais protestant acharné, fondait la petite ville d'Ambohima-hasoa et en faisait un petit bijou relativement aux autres villes de Madagascar, y compris la capitale, dont vous ne pouvez vous imaginer le désordre et la malpropreté. En même temps, grâce à la générosité d'une bienfaitrice de la Lorraine allemande, j'étais envoyé pour bâtir au cœur de la ville le sanctuaire du Sacré-Cœur lorrain. Mais en face, Satan élevait en même temps deux formidables temples, l'un luthérien, l'autre anglais-indépendant. Les luthériens avaient déjà l'immense avantage de posséder dans les environs une école fréquentée par quatre-vingt-dix élèves, et les Anglais s'appuyaient sur le gouverneur et les officiers, qui font du protestantisme une religion d'Etat que le peuple est forcé de suivre par la crainte, parfois par la persécution. Le sanctuaire du Divin Cœur et les deux synagogues de Satan étaient sur le point d'être terminés, lorsque je reçus une lettre écrite par une personne qui cherchait un missionnaire pour répandre la dévotion à la médaille de saint Benoit, à Madagascar.

« Homme de peu de foi, je trouvai cette lettre, écrite par une main inconnue, par trop enthousiaste, et, presque en me moquant, je pris deux des médailles qui l'accompagnaient, les donnai à mon catéchiste et à mon maître d'école, en leur disant : « Allez mettre ces médailles dans le mur des deux temples protestants, et je vous prédis que dans six mois ils ne seront pas debout. » — Aussitôt dit, aussitôt fait ; il était neuf heures du soir. Louis et Bernardin en profitèrent pour se faufiler à la faveur des ténèbres, comme de simples dynamitards, et placèrent leur *bombe* dans le mur de chacun des deux temples.

« J'avais oublié cette scène, et la lettre, et les médailles, quand, juste six mois après, s'abattit sur Madagascar le cyclone dont les journaux ont parlé. Ambohimahasoa fut particulièrement éprouvée : soixante-dix-huit maisons, le palais du gouverneur et ceux de la plupart des officiers, mais surtout les deux temples furent renversés. A peu près seul le sanctuaire du Sacré-Cœur restait debout et intact au milieu des ruines. — C'est Louis et Bernardin qui étaient fiers, et moi qui avais prophétisé, comme l'ânesse de Balaam, sans le savoir, je me suis fait du coup une réputation de prophète et de renverseur de temples, et je ne puis suffire aux demandes de médailles de saint Benoît que me font mes braves chrétiens.

« II. Mais renverser le temple de terre et de pierre n'était rien : restaient ces pauvres âmes, surtout celles des enfants, temples de Dieu, où l'hérésie élève l'autel de Satan. Justement, quelques jours après le cyclone, devaient avoir lieu les inscriptions d'élèves, assez semblables à nos élections de France, et d'où dépendent le salut ou la perte éternelle de ces pauvres enfants. Si le sinistre n'avait pas eu lieu, ayant contre nous, d'un côté, les quatre-vingt-dix élèves luthériens comme meneurs, de l'autre le gouverneur et tous les officiers qui faisaient une pression inouïe pour remplir les écoles anglaises, nous allions à une défaite écrasante. Saint Benoît, sa *médaille-bombe* et son cyclone changèrent tout d'un coup les affaires de face.

Malgré la pression, l'argent, la persécution, les coups de bâton, la prison, et même une énorme caisse en forme de bière où l'on enfermait nos chefs catholiques des nuits entières pour les empêcher d'inscrire leurs enfants chez les catholiques, voici quels furent les résultats : enfants inscrits chez les anglais, trois ; chez les luthériens, cinq ; chez les catholiques, soixante-dix-huit, dans la seule ville d'Ambohimahasoa ; et dans les environs plus de six cents en un seul jour ; plus tard, le nombre des élèves de mon district s'est élevé à quinze cents.

« III. L'ennemi rageait et, pour se venger, jura de bâtir sur les ruines de l'ancien un nouveau temple tout en pierres de tailles et en briques cuites (le premier de tout le pays betsileo). Le gouverneur souscrivit une première fois pour cent piastres et, par crainte ou autrement, força tous les gros bonnets à suivre son exemple. Lui-même mit la main au pic et à la truelle, et sa femme, parée de ses plus beaux atours et accompagnée des grandes dames du pays, allait puiser l'eau pour le mortier, portait les briques et autres matériaux : le temple s'élevait comme par enchantement, et avec une solidité défiant tous les cyclones. — Mais ils avaient compté sans saint Benoît et sa bande de dynamiteurs. Cette fois ce n'était plus Louis et Bernardin, mais de plus mes cent élèves nouveaux qui m'arrachaient, me volaient ma provision de médailles pour aller les *lancer* contre la forteresse ennemie : elle en fut littéralement criblée. Et, cette fois encore, sans cyclone, sans explosion, tout à coup l'ardeur première se refroidit, les travaux cessèrent, et on ne sait comment, les fondateurs endimanchés de cette nouvelle Babel se dispersèrent sans avoir fini leur œuvre. La saison des pluies a passé sur ce colosse inachevé. et depuis plus d'un an les pans de murs du temple élèvent vers le ciel leurs brèches menaçantes, pareilles aux *sierra* d'Espagne.

« IV. Vous croyez l'ennemi battu et découragé. Hélas ! le diable, à notre honte, ne se décourage jamais. Il suggéra au gouverneur privé de son temple de transformer une des vastes salles du palais en boutique de prêcheurs ; et, faute de Betsileo volontaires, il force tous les soldats, aides de camp, esclaves, les prisonniers mêmes à remplir ce temple improvisé. La médaille de saint Benoît a pénétré jusque dans cette citadelle, et petit à petit ces protestants-forcés trouvent moyen de ne plus assister au prêche, et il ne reste plus que ceux qui ne peuvent faire autrement pour vivre.

« De plus, battus en ville, les protestants ont voulu prendre leur revanche dans les villages voisins. J'étais malade à Fiana-rantsoa à la Noël, quand un de nos chrétiens vint en toute hâte me dire : « Mon Père, il n'est bruit que de votre prochaine défaite à Ambohimahasoa et ses environs. Le gouverneur a juré de détruire le catholicisme dans tout le pays, et l'a écrit à la capitale ; déjà, en votre absence, il s'est introduit dans trois de vos postes et y a construit des temples : il va y faire les inscriptions d'élèves et espère les avoir tous. » Mes chrétiens, découragés, m'écrivirent lettres sur lettres, me priant de venir les sauver. Cloué sur mon lit, je me contentai d'envoyer une provision de médailles de saint Benoît qui furent disséminées là où était le péril. — Les inscriptions ont eu lieu ; pas un élève n'est passé chez les anglais dans ces trois postes ; les trois temples, il y a quelque temps visités tous les dimanches par la bande tapageuse des Indépendants, n'ont plus d'autres habitants que quelques chouettes à la voix lugubre.

« Mais à ces huguenots demi-civilisés il fallait la peine du talion ; à peine remis de ma maladie, j'allai trouver le gouverneur et lui dis : « La reine doit être contente de toi, car dans ce mois tu as élevé trois temples ; permets-nous de suivre un si noble exemple ; je te prie, et au besoin je te somme de nous accorder le terrain nécessaire pour bâtir trois églises dans trois villages protestants. » — Impossible de vous dire tous les stratagèmes dont il usa pour empêcher ces fondations ; il alla jusqu'à se porter lui-même sur les lieux pour défendre, avec menaces, au peuple de passer chez nous. Mais saint Benoît l'avait devancé, et le peuple, si servile et craintif, ne tint pas compte des menaces. Maintenant les trois nouveaux postes protestants sont détruits, et trois nouvelles églises s'élèvent dans les trois capitales du protestantisme : celle de *Saint-Benoît* à Ilanjana, la plus grande ville du pays, demeure du grand chef (roi, tompomenakely), qui du protestantisme est passé chez nous avec toute sa famille ; celle de Saint François-Xavier à Ankofina, où les Anglais avaient eu cent élèves jadis, et où, cette fois, ils en ont deux seulement, et celle de Fiadanana, dédiée aux Ames du Purgatoire. J'attends que Jeanne d'Arc, la vierge lorraine, soit béatifiée pour lui élever un quatrième sanctuaire auprès du Sacré-Cœur lorrain, afin que, de compagnie avec saint Benoît, elle délivre mon district *de l'Anglais*.

« V. Dernier résultat de la puissance de saint Benoît : le gouverneur, qui était jusqu'ici un ennemi acharné, a changé brusquement de conduite, et actuellement fait tous ses efforts pour me seconder dans mon œuvre et y réussit à merveille, car il est très intelligent et tout puissant dans le pays. Un pas de plus, et saint Benoît est capable de le convertir : quel miracle ce serait ! Mais de quoi votre fondateur n'est-il pas capable ? La chose est bien simple : Priez quelqu'un de se procurer un habit

complet, soit de préfet, soit de général, soit d'académicien :
les gouverneurs malgaches n'y regardent pas de si près. Faites-y
coudre dans la doublure une médaille de saint Benoît, et en-
voyez-le moi par le prochain courrier. J'en ferai cadeau à notre
gouverneur et, dans six mois, vous aurez des nouvelles de la
puissance de saint Benoît.

« Veuillez aussi m'envoyer une bonne provision de *médailles-
bombes*, et aussi, si c'est possible, une image ou une statue, et
une cloche pour le nouveau sanctuaire de saint Benoît, le premier dans les Betsileo et peut-être dans tout Madagascar. »
(Lettre du R. P. Fontanié, S. J., Miss. apost.).

QUATORZIÈME BULLETIN (suite)

La médaille de saint Benoît à Ambohimahasoa. — Ambohimahasoa, 1ᵉʳ mai 1896. — Depuis ma lettre de mai 1894, bien des
événements se sont passés à Madagascar : l'exil forcé de tous
les Missionnaires pendant un an ; une guerre qui restera célèbre
dans l'histoire par le nombre des victimes, non pas des balles
ennemies — on en compte une vingtaine, — mais de la fièvre
qui a tué 10.000 hommes ; un voyage en France à la suite de
mon Evêque, et le retour triomphant au milieu de nos chrétiens. — Le premier ministre a été renversé, mais non pas
saint Benoît : et cependant, comme le diable y a travaillé !

« Je vous disais à la fin de ma lettre que le dernier suppôt
de Satan qui s'opposât à notre grand Saint était le gouverneur
qui, à trois reprises différentes, avait bâti à grands frais, en
face de l'église, un temple protestant aussitôt renversé par « *la
médaille-bombe* »,. J'ajoutais : « Envoyez-moi pour ce gouverneur un costume d'amiral ou caporal, de ministre ou de bedeau
d'église, peu importe ; glissez-y une médaille de saint Benoît,
et dans six mois vous aurez des nouvelles de sa puissance. »
Hélas ! ma prophétie a été démentie par la guerre, et l'uniforme
de colonel, pieuse relique de famille que vous m'aviez envoyé,
chargé de « *la médaille-bombe* » a été *bloqué* pendant un an à
Tamatave et bombardé par les boulets de Faravaty. — A mon
retour de France, après la guerre, je m'emparai de mon précieux projectile pour marcher à la conquête d'Ambohimahasoa
et de son gouverneur. Mais le diable avait vu la médaille sans
doute, et nous suscita coup sur coup des difficultés inénarrables.
— Le fameux costume était déjà embarqué sur le petit voilier
Tamatave, et je me disposais à le suivre pour me rendre par mer

de Tamatave à Mananjary, mais tout à coup le *Tamatave* se crève et menace de couler. On le décharge à la hâte, et en mauvais soldat, je me sépare de mon arme redoutable. Je l'envoie par le *Crocodile*, misérable coque de noix, et en compagnie du Résident, M. Besson et de 50 soldats, commandés par un capitaine, nous nous embarquons sur le *Dumont-Durville*, pour aller sauver la ville de Mahanoro, menacée par les *Vorimo* révoltés. Là, nous fûmes en butte à une série d'aventures auxquelles ne croiront que ceux qui connaissent la puissance du diable et de son vainqueur, le grand saint Benoît. Armé de la médaille et aussi, faut-il l'avouer à ma honte, d'un revolver d'ordonnance, prêté par le Résident (la grâce aidant la nature).

I. Je me trouvai un jour seul en face de 4.000 Vorimo armés, dont je n'étais séparé que par un fleuve ; je pus le traverser à grand'peine dans un tronc d'arbre faisant eau de tous côtés, et calmer ces forcenés jusqu'à l'arrivée du Résident.

II. Au moment où cette foule furieuse se précipitait sur un de leurs ennemis qu'accompagnait le Résident, armé de la médaille... et de mon parapluie, je fis le moulinet, frappai à droite et à gauche les Vorimo furieux qui se calmèrent en riant, pendant que le Résident faisait sauver leur victime.

III. Armé du même parapluie, avec le Résident et les soldats, je les aidai à réprimer le pillage de la ville de Mahanoro par les mêmes Vorimo.

IV. La nuit suivante, 400 Vorimo saccageaient cette ville, et ayant appris que je cachais chez moi 50 chrétiens *Hovas*, leurs ennemis, ils voulaient venir les massacrer. Pour le coup, le parapluie ne suffisait plus ! Je m'armai de nouveau du revolver, et surtout de la médaille, et pris position sur le bord d'un ruisseau qui me séparait des ennemis. Chaque fois qu'ils faisaient mine de le passer, je les menaçais de faire feu, et parvenais à les tenir à distance. Mais, après deux heures de faction, une bande plus nombreuse voulut passer le ruisseau un peu plus loin, je me précipitai vers eux, et tirai en l'air toutes mes balles : ils reculèrent pour revenir un peu plus tard. Alors je pris sur moi de réquisitionner un poste de 4 soldats en faction à l'autre extrémité de la ville et, à leur tête, chargeai les Vorimo qui, ivres de butin et de rhum, n'avaient pas même peur de nous. J'en désarmai un au moment où il levait le sabre sur une femme *hova*, et ne pus avoir raison de cette horde qu'en ordonnant un feu de peloton à mes 4 hommes. Toute la nuit je fis ainsi les fonctions de caporal, et faut-il l'avouer, sans trop trembler, la médaille me donnant du courage.

V. Le lendemain matin, nouvelle panique : pendant que le Résident va par eau à la rencontre des Vorimo, ces derniers, au nombre de 600, marchent de nouveau sur la ville. Les soldats hovas leur tirent dessus en fuyant. — Furieux, ils se disposent à mettre le feu à la ville ; toujours avec ma médaille, je cours à leur rencontre, et tâche de les calmer et de gagner du temps, pendant qu'un de mes envoyés allait chercher la troupe. En apercevant un Vorimo qui portait à son cou, non la médaille de saint Benoît, mais une amulette appelée *Ody-basy* (remède contre les balles), je lui dis de se placer à dix pas et braquai sur lui mon revolver, en lui disant : « Je m'en vais voir si ton remède est efficace. » Il se jeta à mes genoux en me disant que son remède n'était que contre les balles malgaches, pas contre les balles du Père. — Tout à coup un Vorimo s'écria : « Pendant que le Père nous amuse, l'ennemi nous tourne, et nous allons être pris entre deux feux. »

A ce moment, je me crus perdu ; toutes les lances se dirigèrent vers ma poitrine. Mais saint Benoît me protégea ; je me précipitai vers mon accusateur en lui assénant un vigoureux coup de parapluie et lui disant : « Misérable ! Crois-tu que le Père puisse vous tromper ? » Aussitôt l'effervescence était calmée, et tous s'écrièrent : « Non, le Père n'a jamais trompé ! » Cependant la troupe commandée par le Résident arriva ; on fit la paix et la ville fut sauvée.

VI. Le soir même, le Résident seul marchait à la rencontre des Vorimo du sud et sauvait l'importante ville de Betsizaraina. N'en ayant pas de nouvelles, avec le capitaine et une quinzaine de soldats, nous allâmes à son secours et le trouvâmes en train de faire la paix avec les ennemis. Pendant qu'il rentrait par eau, j'accompagnai le capitaine en chaise à porteurs par terre. Sur la route le spectacle était affreux ; 7 villages brûlaient à la fois ; on voyait de tous côtés des pillards, du sang versé, etc. Tout à coup ma chaise à porteurs se casse, et je fais une lourde chûte ; en même temps nous voyons sortir 80 Vorimo d'un champ de cannes. Ils marchent vers nous : le capitaine veut se servir d'un fusil à répétition que lui a prêté le Résident, mais il n'en connaît pas le maniement... Faute d'autre arme, je me sers de celle de saint Benoît... de la paix.. je me relève tant bien que mal et marche droit à l'ennemi, sans revolver... et même sans parapluie... (ils avaient tous deux roulé à terre)... mais non sans médaille : « Etiez-vous à Betzizaraina tout à l'heure quand le Résident a fait la paix avec vous ? » — « Non. » — « Eh bien, moi, votre Père, je vous affirme que la paix est faite. » — « Puisque tu le dis, nous le croyons. » Pendant ce temps un vieux chef, armé d'une hache, passait derrière nous, prêt à nous décapiter si nous avions fait mine de tirer... Hélas ! ni l'un ni l'autre ne pouvions le faire... le capitaine lui fit signe avec sa crosse de rejoindre ses camarades, et je leur intimai l'ordre de rentrer dans leurs foyers, et de respecter le traité de paix... Ils obéirent.

VII. A la suite du capitaine et de ses braves soldats, pendant que le Résident pacifiait le nord, nous nous dirigeâmes en pirogue vers le sud, à la ville de Masomeloka, où le gouverneur avait exercé des cruautés inouïes, et était poursuivi de la haine des Vorimo. Nous le destituâmes, lui fîmes rendre son butin, et je me disposais à me diriger vers Mananjary, quand nous fûmes assaillis par le plus fameux des déluges qui soit tombé sur cette terre déjà si diluvienne. Pendant trois jours, nous fûmes cernés par l'eau, et étions à nous demander si nous n'userions pas du stratagème de Noé. — Les eaux ayant un peu baissé au troisième jour, le capitaine monta à Mahanoro, et je continuai par terre son œuvre pacificatrice. Il m'avait laissé, en me quittant, un lambeau de drapeau tricolore... Je l'arborai, et avec lui (et la médaille) nous eûmes une marche triomphale, à travers ce pays ennemi, saccagé, pillé, brûlé.

VIII. Le danger n'était pas là, mais dans les pluies torrentielles qui transformèrent les rivières en mers, et les ruisseaux en torrents larges et impétueux. J'en traversai trois sur un misérable fagot de bambous que le peuple faisait aller et venir, en le tirant d'une rive à l'autre, avec de faibles lianes en guise de cordes Arrivé au milieu du plus rapide et du plus large de ces torrents, j'entendis crier : « La liane se casse ! » En effet, elle ne tenait plus que par un peu d'écorce. Je me crus perdu, fis mon acte de contrition et me recommandai à tous les saints du Paradis, sans oublier saint Benoit... La liane cassa..., mais j'avais déjà pu saisir les branches de la rive... J'étais sauvé... Au second voyage, mes bagages furent emportés par le torrent, et recueillis au loin à grand'peine... Au troisième, tous mes porteurs furent renversés, entraînés, et ne durent leur salut qu'à leur nudité et à leur habileté de nageurs.

IX. Pendant ce temps, on me recueillait dans un village, on faisait sécher mes habits et l'on me servait une tasse de café pour me réconforter. Mais le diable, furieux, mit, je ne sais comment, le feu à une maison... Tout le village, composé de cases en chaume, allait brûler ; mais, armé de la médaille, je fis la part du feu, lui sacrifiai une seconde maison, et partis tout honteux, en laissant une gratification.

X. Le soir même, j'arrivai à la nuit dans un village, non de Vorimo, mais de Hovas qui s'enfuirent à mon arrivée. Je m'ins-

tallai dans la maison du gouverneur, enfui lui aussi, et la trouvai remplie, de la cave au grenier, du butin pris sur les Vorimo...
A minuit, j'entendis frapper des coups violents et redoublés contre la porte ; je l'ouvris précipitamment, armé toujours de mes deux armes, et vis des ombres armées de torches qui s'enfuyaient à toutes jambes. — J'appelai un des porteurs pour coucher à côté de moi, mais nous ne pûmes dormir, les assaillants rôdaient encore tout autour, sans oser cependant affronter mon revolver et ma médaille. Je traversai ainsi 25 villages de Vorimo ou d'Ambaniando, tantôt porté en triomphe, drapeau en tête, tantôt en butte aux embûches de l'ennemi.

XI. A une journée de Mananjary, je fus assailli par la conjuration des eaux ; d'un côté celles de la mer en furie, de l'autre, celles d'un fleuve si large qu'on voyait à peine l'autre rive ; et, par dessus la tête, une pluie torrentielle. Pas une habitation, pas une barque, pas une âme. Je tirai à différentes reprises pour me faire entendre de l'autre rive..., inutile... Nous allumâmes un grand feu..., la pluie l'éteignait... De guerre lasse, par une nuit obscure, nous nous juchâmes dans une cahute abandonnée. Enfin, à minuit, il nous vint des barques... Saint Benoît nous avait exaucés. Je n'en finirais pas si je voulais vous raconter toutes les embûches que nous tendit le diable ; par un miracle vraiment inouï, le *Crocodile*, vieille coque vermoulue, résista au cyclone qui l'atteignit en plein, et le cher uniforme, avec sa médaille de saint Benoît, vint me rejoindre à Mananjary, monta avec moi à Fianarantsoa et à Ambohimahasoa.

Ici commence une autre histoire. Le fameux gouverneur, Ramanamiraondy, profitant de notre départ et de la guerre, avait pris sa revanche, fermé nos églises, défendu de sonner les cloches, mis en prison nos inspecteurs et maîtres d'écoles, grevé nos chrétiens de corvées, lancé contre nos élèves tous ceux des autres sectes, armés pour les massacrer, frappé publiquement le roi indigène, parce qu'il priait chez les catholiques... mais surtout... pendant que nous lui destinions l'uniforme et la médaille de saint Benoît... poussé par le diable, il avait fait à notre nouveau sanctuaire l'honneur... de le brûler. Vous expliquez-vous cela ? Il laissait debout toutes les autres églises florissantes qui lui portaient ombrage..., et portait toute sa fureur sur cette chapelle, nouveau-né misérable, qui m'avait coûté la somme de 25 francs ! — Aveugle, quiconque ne reconnaîtra dans ce fait l'œuvre de l'éternel ennemi de saint Benoît..., le diable...

Mais le plus fameux tour que me jouèrent le gouverneur et le diable conjurés fut de mettre la division dans ma bergerie,

en suscitant parmi mes chrétiens deux partis qui se brouillè-
rent jusqu'au scandale, et que, ni les Pères arrivés avant moi,
ni moi ne pûmes d'abord réconcilier. Cependant, après la
guerre, le gouverneur avait fait volte-face et nous faisait un
excellent accueil..., attendant de ses vœux le jour où il pourrait nous tordre le cou... Je ne savais dans ces circonstances à
quel saint me vouer, ni que faire de mon uniforme armé de la
médaille... Au retour de l'exil, après une guerre terrible, je me
trouvais en face d'un ennemi hypocrite qui me faisait des cour-
bettes pour mieux m'égorger, et de chrétiens insoumis, divisés,
remplis de haine, non contre l'ennemi commun, mais contre
leurs frères ! Oh ! que j'ai souffert pendant ces deux longs
mois !... Enfin, mars arriva. C'était le mois de saint Joseph, de
la neuvaine de saint François-Xavier et aussi de saint Benoît...
Vous dire les supplications qui montèrent vers eux !

Or, le croiriez-vous : le 21, en la fête de notre grand saint,
(1) les chrétiens firent la paix et, depuis, sont plus unis que
jamais.

(2) Le gouverneur fut accusé de concussion et de cruauté par
un pauvre betsileo et destitué : avec lui est tombé de nouveau
le temple protestant, trois fois renversé par saint Benoît.

Et le fameux uniforme ? Et la médaille ? Et la prophétie ?
Patience ! Il est assez d'usage que les prophètes se trompent dans
les détails : l'important est que le fond reste vrai. Savez-vous
qui a remplacé Ramanamiraoudy comme gouverneur à Ambohimahasoa? C'est ce même roi indigène qu'il avait frappé comme
catholique français, Ralayony qui a fait hier son entrée dans la
ville. Aujourd'hui, au retour d'une tournée, je l'ai fait venir,
et de mes propres mains l'ai revêtu de l'uniforme et de la médaille : ça a été une opération difficile, Ralayony étant un noir
(plus noir que votre habit), énorme, deux fois plus gros et
beaucoup plus petit que le regretté colonel. Mais enfin..., il s'est
fait petit et grand à la fois : à la taille de l'uniforme ; le cha-
peau à claque faisait surtout son orgueil..., et il a fallu lui
donner un miroir pour voir la mine qu'il faisait..., puis, tout
d'un coup, il s'est enfui de chez moi, et a couru au palais pour
se montrer à sa femme, qui a failli mourir de frayeur, croyant
que les Français faisaient irruption dans ses appartements...
Voilà comment j'ai été prophète, et pourquoi l'uniforme armé
de la médaille est devenu le costume de gala du gouverneur
d'Ambohimahasoa, roi d'Ilanjana.

J'oubliais de vous dire qu'en même temps qu'il brûlait la
chapelle de saint Benoît d'Ilanjana, l'ancien gouverneur bâtis-
sait en face, en pleine guerre, un superbe temple. Mais saint
Benoît l'a renversé : dès notre arrivée un ouragan l'a mis par
terre, ainsi que l'école protestante voisine où nous avions logé

une médaille. — Les élèves protestants passent chez nous en masse, et hier encore je posais les fondations de notre nouvelle église de saint Benoît. Je n'ai pas le sou pour la reconstruire ; mais c'est l'affaire de saint Benoît et de ses dévoués bienfaiteurs d'Europe. J'ai la ferme conviction, que, dans le courant de cette année, l'un d'eux m'enverra les 500 francs nécessaires pour le premier sanctuaire de saint Benoît à Madagascar. » (Deuxième lettre du R. P. Fontanié, S.J.).

Dole-du-Jura, 13 novembre 1894. Fête de tous les Saints de l'Ordre de saint Benoît.

X. GUICHARD, curé.

QUINZIÈME BULLETIN

TETTAPALAI (Ceylan), 28 août 1894. — «... Peu de temps après le naufrage qui mit mes jours en danger, et auquel j'échappai grâce, j'en suis persuadé, à la protection du puissant saint Benoît, je dus quitter Batticaloa. Je n'ai pu, par conséquent, mettre à exécution la promesse que j'avais faite de bâtir une église à saint Benoît. Cependant si, là-bas, je n'ai pas eu les moyens de réaliser cette promesse, je n'y ai pas renoncé pour cela, car la première église à fonder sera, à moins de circonstances tout à fait indépendantes de ma volonté, consacrée au glorieux saint Benoît, mon protecteur, auquel j'ai une grande confiance. Mes successeurs à Batticola ont réussi là où les circonstances m'avaient manqué. Ils ont fondé deux chrétientés dans les villages que j'avais en vue. Les médailles de saint Benoît n'ont pas été pour peu de chose dans ce succès. A ma recommandation, ils en avaient jeté dans chacun de ces villages, et, peu de temps après, ils avaient le bonheur de donner dans chacun le baptême à une douzaine de familles païennes. Ils ont aussi acquis un terrain pour bâtir les deux églises, et cela malgré les oppositions du ministre wesleyen qui prétendait s'y établir. Mais saint Benoît en avait déjà pris possession avec sa médaille, et tout a été réglé comme par enchantement.

» ... J'ai déjà travaillé beaucoup pour répandre les médailles de saint Benoît. Grâce aux envois généreux de mon frère, grand dévôt à saint Benoît, j'ai pu en distribuer un certain nombre et les faire connaître à bon nombre de missionnaires qui n'y avaient jamais beaucoup pensé. Une fois le courant donné, et après avoir lu les grands secours obtenus à l'aide de cette médaille, mes confrères m'ont assailli de tous les côtés pour en avoir. Je me suis donc fait le procureur de saint Benoît. Malheureusement, je n'ai pu suffire à toutes les demandes, et je n'ose pas trop abuser de la générosité de mon frère. Votre envoi m'a donc fait beaucoup plaisir, mais il a vite disparu.

» Vous me demandez des faits merveilleux ou extraordinaires ayant trait aux médailles de saint Benoît Le missionnaire étant toujours à courir de ci de là, beaucoup de choses lui échappent et beaucoup de personnes aussi ayant obtenu des faveurs extraordinaires ne nous le font pas savoir. Aussi j'ai peu de faits patents à raconter.

» Pendant mon séjour à Batticaloa. alors que le choléra sévissait avec rage j'ai distribué une foule de médailles ; beaucoup de personnes auxquelles je les avais données ont été guéries ou préservées, mais il est difficile de dire jusqu'à quel point saint Benoît en est l'auteur. Un fait m'est arrivé, cependant. et je me plais ici à reconnaitre son intervention tout à fait visible. Un individu, âgé d'une cinquantaine d'années et d'une vigueur extraordinaire. avait été atteint du fléau. Ce malheureux refusait de se confesser ; sa femme et deux de ses enfants, âgés de vingt à vingt-cinq ans, avaient été enlevés, mais il restait insensible. Pendant trois jours, mon confrère et moi nous essayâmes de l'amener à faire sa confession. Il refusait toujours. Le docteur s'étonnait de le voir supporter son mal et lutter contre le fléau ; sa forte constitution faisait prolonger la maladie. Enfin, un matin, je le priai d'accepter la médaille de saint Benoît, en lui disant qu'elle pourrait l'aider. Il l'accepta. Je m'occupai des autres malades et, avant de quitter l'hôpital, je retournai près de lui. « Ne voudriez-vous pas vous confesser ? lui demandai-je. — Ce ne serait pas mauvais, me répondit-il à ma grande surprise, mais j'ai besoin de me préparer. » Je le laissai ainsi pour aller vers d'autres malades. L'après-diner, mon confrère vint à son tour, et notre homme l'appela en disant qu'il était prêt à se confesser. Mon confrère n'en revenait pas de joie. Il le confessa, et, dès le soir même, le pauvre homme mourait réconcilié avec Dieu. L'intervention de saint Benoît était visible, vous le voyez. Plusieurs adultes païens auxquels nous avions donné des médailles demandèrent à se faire baptiser avant de mourir. Nous en baptisâmes cinq ou six.

» J'ai constaté l'effet de la médaille de saint Benoît contre l'action du démon en diverses circonstances. Dans une de nos églises de Batticaloa, un pauvre jeune homme était pris de convulsions épouvantables toutes les fois qu'il venait à l'église. Il écumait, se tordait horriblement et tombait à terre comme une masse. Nous lui attachâmes au bras une médaille de saint

Benoît. Aussitôt il redevint calme, et depuis, ces convulsions (est-ce la possession ?) ne sont pas revenues.

» Le Directeur de notre orphelinat de Jaffna voulait acheter un terrain avoisinant l'établissement. C'était une acquisition absolument nécessaire, car ce petit bout de terrain se trouvait à l'entrée de l'église, et le propriétaire refusait de le céder, défendant même à qui que ce soit de passer par là pour aller à l'église. C'était un terrain sans valeur, mais il voulait vexer le Directeur de l'établissement Celui-ci ayant demandé à l'acheter, il lui demanda une somme énorme, dérisoire. Alors le Père songea aux médailles de saint Benoît ; il en jeta une dans l'enclos. Le lendemain, le propriétaire venait, après plusieurs années de refus, l'offrir lui-même à un prix des plus modiques. Depuis, le cher Père se sert de la médaille autant qu'il peut, et étant allé travailler dans une autre mission avec lui, nous en avons usé pas mal.

» A Mannar, où je me trouvais en dernier lieu, les païens avaient acheté un terrain, sur lequel se trouvait autrefois, l'emplacement d'un grand temple païen, disait-on. Il y avait eu aussi une église catholique Nous désirions acheter ce terrain, qui fut mis en vente par le gouvernement, mais les païens étaient résolus de ne pas lâcher, et ils offrirent dix fois la valeur du terrain, qui leur fut adjugé Aussitôt les gros païens de Ceylan, unis à ceux de l'Inde, votèrent des fonds considérables, plusieurs centaines de mille francs, dit-on, pour rebâtir en grand l'ancien temple. On commença immédiatement des fouilles, et les païens, pour encourager leurs adeptes, répandirent le bruit que les trésors et les fondations de l'ancien temple avaient été retrouvés. Mais nous regardions cela d'un bien mauvais œil, car en cet endroit il n'y a pas de païens, tous sont catholiques, Nous fîmes donc semer des médailles de saint Benoît. Le brahme était là-bas, faisant des sacrifices et demandant des oracles. On n'avait pas encore trouvé les fondations du fameux temple ; alors on consultait le démon. Une fois les médailles posées, plus d'oracles, plus de réponse ! Le brahme disait qu'il ne savait pas ce qu'il y avait ; il avait beau faire des incantations, pas de réponse ! « Il y a un autre dieu plus puissant qui l'empêche », disait-il. Je le crois bien ! Saint Benoît est plus fort que Satan ! Une foule d'ouvriers avaient été amenés. C'est un pays désert et il fallait de l'eau : pas de puits ! On n'avait qu'à en creuser. Ils ont eu beau en essayer une douzaine, ce n'est partout que de l'eau salée, et cependant, un peu plus loin chez les catholiques, il y a de l'eau délicieuse. Bref nos païens sont tout décontenancés. Les ouvriers ont quitté la place et on est décidé à tout abandonner. Saint Benoît n'est-il pas le *grand chasse-diables ?* J'aurais encore plusieurs faits du même genre à raconter, mais le temps me fait défaut, et ces quelques faits suffisent pour le moment. Si d'autres cas extraordinaires parviennent à ma connaissance, je me ferai un devoir de vous en informer... Je recevrai avec reconnaissance les médailles dont vous pourriez vous débarrasser en faveur d'un pauvre missionnaire... » (Lettre du R. P. Guérin O. M. I., Miss. apost., Tettapalaï-Puttalam (Ceylan). (*Viâ* Colombo).

MARSEILLE, 10 juin 1894 — « ... Nous connaissons et utilisons les précieuses médailles de saint Benoît ; les missionnaires s'en servent souvent dans l'Afrique équatoriale. Monseigneur Livinhac nous racontait encore hier que, passant un jour auprès d'un arbre regardé comme sacré par les nègres, et dans lequel ceux-ci prétendaient qu'*un esprit* faisait sa demeure, Sa Grandeur avait déposé une médaille dans un creux du tronc, et quelques jours après la foudre tombait sur cet arbre et le brûlait presque entièrement, ne laissant que le tronc dénudé. — Nos sœurs seront donc bien heureuses d'en emporter avec elles (des médailles)... » (Lettre d'une Religieuse de N. D. des Missions d'Afrique).

MANDCHOURIE. — « Notre jeûneuse est une femme de vingt-cinq ans. Depuis qu'elle a renoncé à son jeûne et à ses superstitions, elle ne brûle plus d'encens pour le diable, qui se montrait souvent à elle sous la forme d'une belette ; il voyage presque toujours sous ce déguisement dans notre Céleste-Empire ; aussi les Chinois ne voudraient pas pour tout au monde tuer un de ces animaux. Cette belette infernale venait donc toutes les nuits tourmenter notre pauvre jeûneuse, depuis qu'elle avait résolu d'embrasser la religion chrétienne. Elle fut tellement persécutée par l'esprit de ténèbres, qu'il la rendit aveugle et lui fit perdre connaissance pendant plusieurs nuits, montrant ainsi combien il était furieux de voir que cette âme allait lui échapper.
» Epuisée, à bout de forces, après avoir soutenu tant de luttes, cette courageuse néophyte vint nous prier de lui indiquer un moyen de se dérober aux poursuites de l'ennemi des âmes, nous suppliant de permettre à une de nos chrétiennes de passer au moins les nuits avec elle, ce qu'elle obtint facilement. Lui ayant passé au cou une médaille de saint Benoit, nous la renvoyâmes avec une de nos baptiseuses, et, à partir de ce jour, elle ne fut plus inquiétée par le démon. » (*Annales de la Sainte-Enfance*, — Décembre 1891).

Dole, 10 février 1895. Fête de sainte Scholastique.

X. GUICHARD, curé-doyen, Chanoine honoraire.

SEIZIÈME BULLETIN

Zahlé (Syrie), 8 août 1894. — « J'ai dù emprunter quelques médailles de saint Benoît afin de pouvoir répondre aux demandes que l'on me fait dans certains pays... Dans toute la région de Balbeck ces médailles sont connues, et dès que quelqu'un a une maladie opiniâtre ou qui donne peu d'espoir, ils ont recours à saint Benoît et plusieurs fois leur foi est récompensée par une guérison. »

Balbeck. — « 1º Un enfant de deux mois, appartenant à des parents qui avaient perdu successivement tous leurs enfants en bas âge, fut atteint d'une espèce de croup : toux et étouffements ; on employa en vain tous les remèdes et les parents perdirent tout espoir. Quelqu'un leur suggéra l'idée d'employer de l'eau de la médaille de saint Benoît. ce que l'on fit en récitant quelques prières ; or, cette nuit-là même, l'enfant fut sauvé et guérit complètement.

« 2º Une femme souffrait d'un abcès accompagné de vives douleurs à la poitrine ; ses parents voulaient faire venir le médecin pour faire une opération, mais elle voulut avant prendre de l'eau de la médaille de saint Benoît ; elle en but et se frotta la poitrine : au moment même l'abcès creva, il en sortit du sang et du pus ; toute douleur et toute fièvre disparurent ; an bout de trois jours, cette femme se leva et fut parfaitement rétablie.

« 3º Une pauvre femme avait un âne qui était son seul gagne-pain. Le pauvre animal devint malade, son corps enfla, il refusait toute nourriture et était sur le point de périr. La pauvre femme se désolait. Une personne lui proposa de lui donner de l'eau de saint Benoît. Elle demanda : « Cela guérira-t-il mon âne ? » — « Oui, si vous avez la foi. » Elle lui donna alors à boire de l'eau où l'on avait mis la médaille du saint. L'âne la but, et peu après se mit à manger et guérit, à la grande joie de la pauvre femme.

« 4º Deux petites filles laissées seules à la maison, virent deux bouteilles pleines d'eau, l'une contenant de l'eau de saint Benoît, l'autre du poison. Elles prirent et burent de l'eau de saint Benoît et laissèrent l'autre, quoiqu'elles fussent tout près l'une de l'autre. Les parents, à leur retour, furent convaincus que la préservation de leurs enfants était due à la protection de saint Benoît. — Il y a encore d'autres faits concernant des guérisons diverses que je ne veux pas répéter, car ils se ressemblent plus ou moins, pour venir à un fait plus frappant.

« 5º Il existait à Balbeck, depuis douze ou quinze ans, une école britannique protestante composée de sept maîtresses qui faisaient un prosélytisme acharné auprès des filles, allant même dans les villages voisins pour prêcher, et tenant les mercredis et dimanches un service religieux auquel assistaient beaucoup de gens par curiosité ou intérêt matériel. — Il y a deux ans, ayant lu que la médaille de saint Benoît, mise dans les murs d'un établissement semblable, l'avait fait fermer, je donnai quelques médailles aux Sœurs qui font la classe à Balbeck, de notre part ; elles en cachèrent deux dans les murs extérieurs. A peu de temps de là, une des maîtresses les plus influentes et les plus habiles à attirer les jeunes filles quitta l'école, et plusieurs jeunes filles revinrent à celle des Sœurs, qui me mentionnèrent le fait, mais je ne voulus pas vous le rapporter, car il me paraissait trop insignifiant. C'était cependant le premier coup de saint Benoît, il y a environ un an. Depuis ce moment, la dispersion se mit parmi les maîtresses ; peut-être aussi le gouvernement, qui les voyait attirer en secret des filles et des femmes musulmanes pour les prêcher, se mit de la partie ; ce qui est certain, c'est que l'année dernière, elles donnèrent vacances au mois de juin, et ces vacances, contre leur habitude, durèrent cinq mois, au point que l'on croyait que la classe ne se rouvrirait pas. Cependant elles revinrent à la mi-novembre, mais ne restèrent que quatre mois (jusqu'en février), où, sous prétexte d'un pèlerinage à Jérusalem, elles quittèrent la classe : enfin elles revinrent fin avril pour vendre leurs chevaux et fermèrent définitivement l'école, qui est et reste fermée depuis trois mois. Je ne puis m'empêcher d'attribuer ce résultat à saint Benoît. Quoique la lutte ait duré deux ans, le commencement de la débandade eut lieu à l'époque où l'on mit les premières médailles ; depuis, pendant les vacances, les Sœurs, en visitant l'établissement, avaient répandu partout de l'eau de saint Benoît, et je crois que le bon Saint s'est plu à récompenser leur foi en les délivrant d'un ennemi acharné qui usait de tous les moyens pour leur arracher des enfants et faisait un un grand mal à la religion dans ce pays. — Voici quelques faits qui pourront vous intéresser ; je vous les présente à la gloire de saint Benoît... » (Lettre du R. P. Hawa, S. J.). »

Ou-Hou (Kiang-Nan), 12 janvier 1895. — « ... Ce n'est pas d'aujourd'hui que je suis dévoué au grand saint Benoît... En arrivant en Chine, j'eus, dès la première année, occasion de constater la toute-puissance de la foi en l'efficacité de la dévotion à sa sainte médaille. En Chine, les incendies sont très fréquents. Le désordre qui règne dans les petites masures de roseaux ou de paille agglomérées les unes sur les autres, l'usage du pétrole très en faveur par économie, le chauffage à la paille près des murs de paille, les fumeries d'opium, innombrables parmi ces bouges, enfin et surtout la malveillance, afin de profiter du désarroi et de voler à l'aise, sont autant de causes qui multiplient les incendies plus qu'en aucun autre pays du monde.

« Le feu avait donc pris dans notre quartier. Nous n'avions rien à craindre, mais notre hopital aurait pu être menacé, et surtout l'orphelinat de petites filles allait être, sur deux côtés, littéralement enveloppé de flammes. Le vent n'était pas violent, mais il était défavorable, les paillotes brûlaient rapidement ; le feu se communiquait sans qu'on eut le temps de le prévenir, car, pour lui faire la part, il faudrait sacrifier longtemps à l'avance quelques masures, et les malheureux qui y habitent ne peuvent se résigner à en faire le sacrifice pour le salut de beaucoup d'autres ; c'est ainsi que l'incendie ne s'arrête qu'après avoir tout dévoré.

« Comme le feu était arrivé aux dernières maisons qui touchent l'orphelinat, nous étions remplis d'inquiétude, et ce n'était pas sans motif. J'avais été chercher des médailles de saint Benoît. J'en jetai alors de tous les côtés et, chose admirable ! le vent souffla aussitôt suffisamment fort pour incliner la flamme du côté opposé et renvoyer les flammèches sur le foyer même de l'incendie. Les païens eux-mêmes qui me virent, car ils sont fort curieux de nous observer, sinon de nous surveiller en tout ce que nous faisons, constatèrent le phénomène « On a vu l'étranger jeter quelque chose dans le feu et le vent a changé. » Tel fut le témoignage de plusieurs qui, certes, ne pouvaient comprendre mes intentions.

« Un Père me racontait ces jours-ci que, dans un district de la Mission, il y avait un petit carré de terre dont il avait été impossible de se rendre acquéreur. Tout le terrain environnant était à l'église, et ce misérable petit morceau, sur lequel même il se trouvait plusieurs tombeaux, empêchait la construction d'une nouvelle église que rendait urgent l'accroissement des fidèles. Les efforts successifs de bien des ministres avaient complètement échoué. L'obstacle par excellence était le tombeau de la nourrice d'un gros richard. Les pauvres finissent toujours par reconnaitre que l'argent est aimable, désirable et acceptable, quelle qu'en soit la source ; mais le riche païen ne pouvait et ne voulait se laisser toucher à aucun prix. Pensez donc, le tombeau de sa nourrice ! Enfin, le missionnaire de ce district pensa à semer çà et là des médailles de saint Benoît.

Or, quelque temps après, les païens, d'eux-mêmes, firent les premières démarches et le gros richard, interprétant les devoirs de la piété filiale, et pensant que sa nourrice était en mauvais voisinage, vendit son terrain un prix modéré et plaça le tombeau ailleurs. » (Lettre du R. P. Bizeul, S. J.).

Go-Cong (Cochinchine), 26 mars 1894. — « ... Les païens tiennent beaucoup à la médaille de saint Benoît, ils en veulent tous, comme un talisman contre le diable et les épidémies... »

Sainte-Enfance de Hong-Kong, 6 août 1894. — « ... La peste a diminué de beaucoup, mais ce n'est pas encore fini, il y a toujours quelques nouveaux cas par ci par là. On me parlait tout à l'heure de quatre catholiques morts hier, presque foudroyés, après avoir eu toutefois le temps de recevoir les sacrements. Une Sœur canossienne qui a soigné les pestiférés est morte vendredi, victime de son dévouement. Une autre a été prise presque en même temps, mais on espère la sauver. Que le Bon Dieu veuille se contenter d'une victime ! Ici, sa miséricorde nous garde encore, malgré tous les malades qu'on nous apporte tous les jours. Saint Benoît et saint Roch nous protègent, c'est visible... Je vous serai infiniment reconnaissante si vous voulez bien m'envoyer des médailles de saint Benoît, car nous n'en avons plus... »

Sainte-Enfance de Hong-Kong, 1er avril 1895. — « ... Les médailles de saint Benoît que vous avez envoyées, sont déjà distribuées. Depuis que la peste nous a visités l'année dernière, tous les chrétiens nous en demandent, car toutes les maisons chrétiennes dans lesquelles il y en avait ont été préservées du terrible fléau, si bien que nous avons distribué toutes celles que nous avions. Voilà la chaleur qui revient et qui sait si avec elle la peste ne fera pas une seconde apparition... »

Dole-du-Jura, 11 juillet 1895. Fête de la Translation du Corps de saint Benoît.

X. Guichard, curé.

DIX-SEPTIÈME BULLETIN

Trichinopoly, 4 juillet 1894. — « ..... Les médailles de saint Benoît sont aussi un puissant moyen contre le démon. Je puis vous affirmer qu'elle est la cause de bien des grâces. Les chrétiens aiment à la porter sur leur scapulaire. Munis de cette

arme, ils se sentent plus forts et ne craignent pas tant les
démons. Dernièrement, le P. Billard et moi désirions obtenir
une faveur insigne du premier magistrat de la ville. Nous réso-
lûmes d'aller le voir en personne. C'était une démarche, sinon
téméraire, du moins audacieuse, car la requête était des plus
délicates. Avant de nous rendre chez le magistrat, nous prî-
mes chacun une médaille de saint Benoît, le priant de mener
à bonne fin notre entreprise. Fortifiés par cet acte de foi en
saint Benoît, nous abordâmes la question. Le magistrat se
montra d'abord très froid et opposé à notre demande; mais peu
à peu son opposition se calma ; il écouta nos raisons d'abord
avec une certaine indifférence, puis avec intérêt. Saint Benoit
faisait son œuvre en secret. Au fur et à mesure que nous par-
lions, il adoucissait le cœur du magistrat qui, à la fin, nous fut
favorable et nous promit de prendre notre supplique en consi-
dération. De fait, il tint parole. La grâce a été accordée. Je
n'hésite pas à attriber cette faveur au grand saint Benoît, car
nous l'avons bien prié, même pendant l'entrevue. Gloire donc
au grand saint Benoît, dont la puissante intercession nous a
valu une grâce qui contribuera largement à la gloire de Notre-
Seigneur ! » (Lettre du R. P. Héraudeau, S. J.).

SAINT-PIERRE-ET-MIQUELON. — « L'influenza a sévi ici l'an
dernier. Grâce à saint Benoît, ni moi, ni mon personnel n'avons
été atteints. Un enfant était gravement malade d'une bron-
chite : on lui passe au cou une médaille de saint Benoît et il
est guéri. » (*Annales de la Sainte Face*, août 1894).

Chez les sauvages BA-HNARS (Cochinchine), 8 juillet 1894. —
« Quelques individus descendant en Annam, j'en profite pour
vous tracer à la hâte ces quelques lignes ; par ces temps d'épidémie varioleuse, les occasions se font rares ; les chemins sont
difficiles à cause des pluies et, de plus, chaque village se barri-
cade chez lui, de sorte que les sentiers sont coupés à tout moment et hérissés de lancettes. Jusqu'ici je ne savais pas ce que
c'était qu'une épidémie de variole. C'est tout simplement
affreux : que le Bon Dieu vous préserve d'en voir jamais !
« Dans certains villages, l'épidémie fait des ravages épouvantables et enlève la moitié de la population. Aussi mes pauvres sauvages craignent cela comme le feu, et plus que le feu :
cela se comprend. J'ai pris dès le commencement du fléau, des
mesures très efficaces pour préserver mes chrétiens. J'ai fait le
vœu au grand saint Benoît de placer sa statue dans ma pauvre
église s'il nous préservait, et j'ai enterré de ses médailles tout
autour des villages pour qu'il fasse la garde et ne permette à
aucun microbe de passer. En même temps, j'ai fait comme dit

le proverbe : Aide-toi, le ciel t'aidera. J'ai fait tous mes efforts pour me procurer du vaccin, à quelque prix que ce fût, et, grâce en soit rendue à Dieu, ce vaccin est arrivé juste à temps ; le village le plus proche d'ici venait d'être attaqué à son tour. Quand j'eus ce vaccin sauveur, je me mis à vacciner avec fureur, et je fis jusqu'à mille vaccinations par jour. Tout réussit bien et je pense que maintenant nous sommes complètement hors de danger. J'en suis pour une statue de saint Benoît de soixante-quinze francs à prendre sur mon pauvre budget, mais, vous le comprenez, c'est de bon cœur.

« Mais voici le plus beau où j'en suis. non pas pour une statue, mais bien pour deux ; oyez plutôt. Je vous ai dit que le village le plus proche de mes chrétientés, à cinq kilomètres, venait d'être attaqué par le fléau. Ce village, nommé Kon-Meney, est certainement un des plus importants de la contrée, soit par le nombre, soit par la qualité des habitants. Or ne voilà-t-il pas qu'il y a trois semaines, le chef et tous les anciens du village, déjà contaminé par le terrible fléau, viennent me demander de suivre la Religion. Ils sont menacés de la contagion qui a dépeuplé plusieurs villages ; le diable n'y peut rien, c'est clair, malgré les sacrifices qu'ils ne lui ménagent pas. Ils veulent se donner au Bon Dieu pour être délivrés. Vous comprenez comme mon cœur de missionnaire a sursauté à pareille demande et comme ils furent bien reçus ! On prit jour pour le grand conseil où tout devait se décider et le bon P. Guerlach, que j'avais prié de venir, eut la bonté de s'y rendre avec moi. Dès ces premières ouvertures, je fis également un vœu à la Bonne Mère et au bon saint Benoît de placer leurs statues dans la future église de Kon-Meney, si tous les points noirs qui restaient encore à l'horizon disparaissaient. Et pour preuve de cette future consécration du village païen devenu chrétien, j'allai de suite poser leurs médailles sur une des colonnes principales de la maison commune en face de celle des fétiches. Le grand conseil eut lieu ; tout le village y était, et dans d'excellentes dispositions. Après quelques discussions de détail, le grand *oui* fut prononcé à l'unanimité. « Puisque c'est ainsi, leur dit le P. Guerlach, vous allez nous donner tous vos fétiches. » Tous y acquiescèrent. Il fallait voir comme tous ces paniers de pierres, de cornes, de dents, de toutes sortes de bricoles dégringolèrent de la colonne où ils étaient depuis des siècles ! Le lendemain, ce fut le tour des maisons particulières ; tous me donnèrent leurs fétiches, même la sorcière du village. Après cela, ce fut le tour de tout ce qui sentait la superstition de près ou de loin. C'est vous dire que tout le village suit la Religion comme un seul homme. De suite, ils mirent en état une maison qui puisse me servir d'église provisoire; ce n'est

pas magnifique, mais, pensez-y, c'est l'œuvre de deux jours !
Dimanche dernier, fête de la Visitation, je fondais véritable-
ment la chrétienté ; j'y célébrais ma première messe, puis je
baptisais trente et plus de petits païens ; aujourd'hui, j'en bap-
tiserai autant et de suite je me mettrai à enseigner. Pour que
tous sachent suffisamment la Religion, il faudra bien deux ans.
Vous le voyez, l'ouvrage ne me manquera pas, mais vive Dieu !
non recuso laborem !... »

« 3 septembre 1892... Grâce à Dieu et au grand saint Benoît
auquel j'avais fait un vœu, mon district est décidément épar-
gné du terrible fléau de la petite vérole ; et, à cette heure, nous
sommes parvenu à cerner l'épidémie au moyen du vaccin. Jugez:
à Kon-Toum, sur six cents habitants, cent soixante-sept morts ;
a Ra-Haï, sur deux cent cinquante habitants, cent cinq morts...»
(Lettres du P. M. Jannin).
Quelques lignes d'une relation du P. Guerlach feront ressor-
tir l'efficacité de la médaille de saint Benoît contre les épidémies. « L'action du vaccin fut beaucoup plus efficace dans les
villages qui avaient promis de se convertir que dans ceux dont
les habitants voulaient rester païens. Bien que les gens de Kon-
Toum eussent été vaccinés, on compte un grand nombre de
décès. Les habitants avaient manifesté le désir de se convertir,
mais ce n'était qu'une simple velléité, sans commencement
d'exécution. En tous cas, la différence des résultats produits à
Kon-Toum et à Kon-Meney fut remarquée par les sauvages
eux-mêmes. (*Missions catholiques*, 4 mai 1894).

Ceylan, août 1895. — La médaille de saint Benoît, par une
permission spéciale de Dieu, produit des effets merveilleux.
Nombre de missionnaires le constatent tous les jours et, par
reconnaissance, aiment à faire connaître les bienfaits qu'ils en
ont reçu. C'est donc comme une nécessité pour moi, pauvre
missionnaire, employé à tâcher de convertir les païens d'une
partie de l'île de Ceylan, de constater et de faire connaître ce
que je regarde comme un miracle, dû à la médaille de saint
Benoît. — Depuis de longues années, un certain nombre de
familles de Pallers parlaient de se faire catholiques. Le moment
semblait venu de s'occuper de ces pauvres âmes. Je m'adressai
à certains catholiques pour obtenir d'eux un morceau de terrain
suffisant à bâtir une petite maison pouvant servir provisoire-
ment d'église. Ils se firent une joie de me rendre ce service. Je
me rendis donc dans ce village. Les païens me reçurent assez
bien. Dans le commencement, j'avais de bonnes espérances ;
malheureusement, les Pallers sont de basse caste, et les Vella-
lers, gens de haute caste, employèrent leur influence auprès

d'eux pour les retenir dans les filets du démon. Ils firent plus : pour les encourager dans cette voie, ils leur promirent de leur bâtir un temple en pierre; jusqu'à ce jour ils n'avaient eu qu'une espèce de hutte. Je dus quitter la place ; à peine parti, les voilà renversant cette hutte, creusant les fondations, achetant la chaux et commençant les travaux. J'apprends ce fait, aussitôt je donne une médaille dé saint Benoît à un bon chrétien de l'endroit, avec ordre de la mettre dans les murs qui s'élevaient, l'assurant que les travaux en resteraient là. Il suivit mes instructions et. le lendemain même, ces païens étaient accusés d'avoir volé des pierres dans un endroit privé ; ils firent des frais en cour pour gagner leur cas et le perdirent, et les travaux en sont où ils en étaient en fin de juin 1893.

« Laissez-moi vous rapporter en quelques mots une autre grâce obtenue aussi par la médaille de saint Benoît. Je bâtissais alors une église dédiée à saint Joseph et je devais brûler de la chaux. Dans ce pays, les pierres, le bois et les copeaux sont ainsi disposés que, si la pluie survient, soit avant de mettre le feu, soit aussitôt après, tout le travail est à recommencer et c'est une grande perte d'argent. Tout était prêt, lorsque survient un vent orageux amenant de gros nuages ; de larges gouttes commencent à tomber. Que faire ? Je prends une médaille de saint Benoît et dis à un chrétien, en présence de nombreux païens, de la mettre sur le four à chaux et de mettre le feu. Là encore on suivit mes instructions ; les nuages se dispersèrent, et les païens étaient émerveillés de la puissance de notre grand Dieu.

« J'aurais ainsi beaucoup de faits merveilleux à énumérer. Qu'il me suffise de dire que la médaille de saint Benoît a une puissance souveraine pour procurer la réussite dans les accouchements laborieux. » (Relation d'un missionnaire Oblat de Marie-Immaculée).

Dole-du-Jura, le 13 novembre 1895. Fête de tous les Saints de l'Ordre de saint Benoît.

X. Guichard, Curé.

DIX-HUITIÈME BULLETIN

Trichinopoly (Maduré), 12 mai 1895. — « Voici une petite histoire que le P. Larmey m'a racontée, il y a à peine trois jours. — Dans son district, un païen fit un jour appeler un sorcier, afin de le consulter sur quelque affaire d'importance ; comme il y avait plusieurs chrétiens présents à la séance, le sorcier eut beau s'évertuer, il ne put rien obtenir du diable, qui refusa de venir. Rentré chez lui, il demanda au diable pourquoi il n'avait pas répondu à ses questions et l'avait ainsi exposé à un deshonneur public. Le démon répondit que, parce que dans l'audieuce il se trouvait des chrétiens, tout son pouvoir avait été lié, et que si, désormais, on voulait obtenir quelque chose de lui, il fallait à tout prix exclure les chrétiens. Le sorcier, fier de sa découverte et désireux de recouvrer son honneur, s'en alla trouver l'homme qui l'avait invité et lui donna la réponse de son dieu. Il fut donc arrangé qu'à tel jour et à tel endroit on recommencerait la cérémonie, mais qu'on prendrait grand soin de ne laisser s'introduire aucun chrétien. Malheureusement pour notre sorcier, un des paroissiens du P. Larmey eut vent de la chose et se promit de jouer un beau tour au diable ainsi qu'au sorcier : une médaille de saint Benoît fut mise dans la chambre où devait avoir lieu la consultation du diable. — Au moment fixé, le sorcier arrive, se met en position et, après force incantations et simagrées, commence à frapper sur le tambour dont se servent les magiciens dans ce pays, et qui a un son tout à fait sinistre. — « Bom, Bom », dit le tambour, mais le diable n'arrive pas. Les coups redoublent sur la pauvre peau qui, à la fin n'en peut plus et se crève. Vite on apporte un autre tambour, qui eut le même sort. Cinq tambours y passèrent ainsi, pendant que le sorcier suait et se débattait de rage. Enfin, n'y tenant plus, il se lève en colère et, maudissant son diable qui lui avait fait perdre sa réputation et ses tambours, il s'en retourna couvert de honte et de confusion, pendant que le chretien, qui connaissait le fin fond de l'histoire, riait de tout cœur et se réjouissait de voir le pouvoir de saint Benoît manifesté si ouvertement. — Les médailles sont devenues si précieuses que je suis presque obligé de durcir mon cœur pour résister aux sollicitations des gens qui m'en demandent. Nos enfants ne vont jamais en voyage sans en avoir plusieurs sur eux. » (Lettre du R. P. Billard, S. J.).

Séoul (Corée), 8 avril 1895. — « ... La guerre nous a forcés d'interrompre les travaux de bâtisse de la cathédrale... C'est assez vous dire que le tableau (de saint Benoît) est en avance sur la place qui lui est destinée dans la chapelle dédiée d'ores et déja au grand saint Benoît. Grâce à des envois ininterrompus, j'ai pu faire, l'an dernier, une distribution de médailles de saint Benoît aux missionnaires. Cette année, me voici en mesure de recommencer. Le stock est ici vite épuisé, car nos chrétiens ont, comme nous, une grande confiance au saint Patriarche, et, comme il arrive partout, leur foi est toujours amplement récompensée. Ce sont des protections spéciales, des faveurs privées le plus souvent, aussi n'ai-je point l'occasion de vous en adresser la relation, mais ces bienfaits continus n'en sont pas moins réels et très remarqués. » (Lettre de Sa Grandeur Mgr Mutel, Evêque, Vicaire Apostolique de la Corée).

Saint-Albert (Canada), 5 août 1895. — « ... La Mission dédiée à saint Benoît sera, j'espère, une place centrale d'où il étendra son action sur les missions environnantes, où il se parle au moins quatre langues... Je demandais dernièrement à une de nos religieuses qui a une grande confiance dans la médaille de saint Benoît, si elle en éprouvait d'heureux effets : « Monseigneur, me répondit-elle, ils sont sans nombre. » Je la priai de m'en faire un rapport; elle me le promit et je n'ai encore rien reçu. Mais je puis vous dire que nous avons à l'hôpital un pauvre vieillard qui, depuis plus de cinquante ans peut-être, avait abandonné toute pratique de religion et ne souffrait pas qu'on lui fît la plus petite observation à ce sujet. Si ses enfants, généralement bons chrétiens, lui en parlaient, il s'emportait et les accablait d'injures. Voilà qu'après avoir défendu qu'on lui parlât de rien et qu'on se contentât de prier, j'apprends que le vieillard s'est confessé et a même communié. J'en témoigne ma satisfaction à l'aumônier de l'hôpital : « Comment voulez-vous qu'il résistât, me dit-il; on avait presque entouré son lit de médailles de saint Benoît; on en avait même cousu dans ses habits, si bien que le pauvre vieux ne pouvait plus dormir, tant il était tourmenté. Il a retrouvé la paix en se confessant. » Ce pauvre vieillard est aveugle et très sourd, il a plus de quatre-vingts ans, il se promène un peu dans l'établissement et autour; il se croit parfois à l'église quand il n'est que dans le vestibule, il se prosterne et prie tout haut, et ne s'inquiète pas si on le voit ou si on l'entend. » (Lettre de Mgr Grandin, O. M. I., Evêque de Saint-Albert).

Saint-Benoît de la Longa (Zanguebar), 5 juin 1895. — « ... Je ne puis différer plus longtemps ma réponse, car il faut que je remercie saint Benoît... Les sauterelles ont fait beaucoup de ravages et en font encore tous les jours, mais la médaille de saint Benoît a fait des merveilles. Plusieurs fois elles sont venues en si grand nombre qu'il n'y avait aucun espoir de pouvoir sauvegarder les moissons. J'ai distribué des médailles aux chrétiens, et même aux païens; ils les ont suspendues dans leurs champs, ou bien ont aspergé les moissons avec l'eau où ils les avaient plongées. De la sorte, il ont pu récolter une première fois et même une deuxième fois leur maïs, tandis que dans les contrées environnantes, il y avait une famine effroyable. — Moi-même j'ai suivi vos conseils pour nos plantations;

j'ai invoqué saint Benoît, jeté ses médailles dans nos champs, aspergé avec l'eau sanctifiée par les médailles et j'ai pu récolter deux fois du maïs, il reste encore deux champs de *sorgho* qui, je l'espère arrivera à maturité.

« Le jour de la fête de saint Benoît, j'ai prêché sur la puissance de notre saint Patron et j'ai inculqué à nos chrétiens et à nos catéchumènes une grande confiance dans sa bonté pour nous. Depuis plus d'un an, chaque jour, après la prière du soir, les chrétiens récitent une dizaine de chapelet, puis nous chantons trois fois les invocations : *Sancte Joseph* et *Sancte Benedicte, ora pro nobis*. C'est une prescription de Sa Grandeur Mgr de Courmont, pour éloigner de nous le fléau des sauterelles.

« Cette année-ci, moi-même j'ai éprouvé l'efficacité du recours à saint Benoît ; à deux reprises différentes, j'ai été pris de ces vilaines fièvres hématuriques qui pardonnent rarement. Dans mes remèdes, je faisais tremper des médailles et j'ai été promptement guéri. Gloire et actions de grâces au puissant saint Benoît !

« Il ne s'occupe pas seulement du temporel, il fait aussi des prodiges au point de vue spirituel. Il y a sept ans, la Longa ne comptait qu'une soixantaine de chrétiens, maintenant il y en a plus de cinq cents, et chaque jour de nombreux païens demandent à être inscrits et à recevoir le baptême. Ces jours-ci, les environs de la Mission se peuplent de plus en plus ; la famine qui sévit autour de nous force beaucoup de familles à venir s'établir dans nos parages, de sorte que le ministère sera plus facile. Le doigt de Dieu est là ! Priez et faites prier pour la station de Saint-Benoît de la Longa, afin que le règne de Dieu s'y développe plus rapidement.

« Notre chapelle est maintenant trop petite, et Mgr de Courmont nous autorise à en bâtir une nouvelle. Ce sera beaucoup de dépenses, mais saint Benoît viendra à notre secours et inspirera à nos bienfaiteurs de nouvelles générosités. Il nous faudrait aussi une belle statue de saint Benoît. » (Lettre du R. P. Ledonné, missionnaire du Saint-Esprit et du Saint-Cœur-de-Marie).

Dole-du-Jura, le 10 février 1896. Fête de sainte Scholastique.

X. GUICHARD, curé.

DIX-NEUVIÈME BULLETIN

Kouy-hien (Kouang-Sy), 5 août 1895. — « ... Attenante à notre petit hospice de vieillards, une maison était à vendre. Elle était parfaitement à ma convenance, mais le prix en était élevé et nous avions dans la mairie locale un concurrent d'autant plus redoutable que les lettrés voient d'un plus mauvais œil nos acquisitions d'immeubles et que ce droit nous est plus contesté. Je plaçai des médailles de saint Benoît dans les fissures en lui recommandant la chose. Après d'assez longs pourparlers, l'accord semblait établi quand la résistance du locataire arrêta tout. Celui-ci était un des principaux employés du prétoire. Il mettait précisément en avant l'opposition de la mairie à tout achat d'immeubles de notre part. Pour comble de contretemps, le propriétaire, pressé par le besoin d'argent, emprunta une somme assez importante à la mairie et, pour ce, engagea le contrat d'achat de la maison en question. — Les choses restèrent en cet état durant plusieurs mois. En mai dernier, le locataire étant parti, le propriétaire vint de nouveau offrir son immeuble au prix convenu. Un vieillard de la rue servit d'entremetteur ; le chef du quartier se porta garant. Tout paraissait donc dans les meilleures conditions. On me livra un acte que l'on a sura être celui qu'on avait donné en gage à la mairie, et le marché fut conclu. Comme nos démarches avaient été publiques, et qu'il n'y avait eu aucune réclamation, j'étais parfaitement tranquille.

Or deux jours après. le chef de la mairie affiche sur la porte de notre nouvel immeuble : « Boutique à louer ; s'adresser à la mairie », et mon homme d'affaire voulant enlever l'écriteau, est frappé par lui et par quelques autres individus. Donc grosse affaire. Informations prises. je me rends moi-même au prétoire ; le mandarin promet une solution équitable. Je réclamais l'adjudication définitive de la maison et, en plus, punition de ceux qui avaient maltraité mon homme. — Le lendemain. j'appris que le contrat engagé précédemment par le propriétaire pour emprunter de l'argent était encore entre les mains de la mairie. C'était donc scabreux. Heureusement que deux hommes importants. comme je l'ai dit. s'étaient portés garants lors de notre marché et que rien ne s'était fait en secret. On pouvait encore argumenter.

Il n'en fut pas besoin. Le mandarin força le lettré à me livrer l'acte dont il était détenteur et à me faire des excuses. Quant à ceux qui avaient aidé à frapper mon homme, il lança contre eux un mandat d'arrêt : ils durent aussi venir faire réparation publique. Et le tout fut accompagné d'un manifeste mandarinal publiant notre droit d'acheter des immeubles partout où il nous plaira.

On ne pouvait désirer un meilleur dénouement. Fort à propos étaient arrivés de Pékin des ordres dans ce sens, grâce aux efforts du ministre de France, M. Gérard ; sans cet incident, peut-être seraient-ils restés dans les archives prétoriales. Evidemment la coïncidence de ces ordres servit puissamment notre cause, mais ne peut-on pas attribuer à saint Benoît que le marché, *arrêté depuis huit mois*, se soit conclu juste à point pour profiter de cette circonstance, et seulement après l'arrivée d'un magistrat non hostile ? Je suis fort porté à rapporter une bonne partie du succès au grand Patriarche... Oh ! que nous avons besoin de sa protection !... » (Lettre de S. G. Mgr Chouzy, Evêque et Préfet Apostolique du Kouang-Sy).

Tché-Tchéou-Fou (Chine), 12 mars 1895. — « Je reviens en ce moment d'un endroit de mon district que j'ai le dessein de baptiser, avec l'autorisation de mes supérieurs, du nom de votre saint Patriache. Voici pourquoi :

A la clôture de notre dernière retraite à Wu-hu, j'ai entendu lire une lettre où l'on rapportait que beaucoup de Missionnaires, ayant promis de donner le nom de saint Benoit à une chrétienté naissante, avaient reçu une puissante asssistance pour avoir des chrétieus. Cela m'a encouragé à solliciter la même faveur pour un bourg situé à 4 lieues d'ici, endroit relativement important et dont la population me paraissait bien disposée, mais où l'on ne m'avait pas encore parlé de se faire chrétien. Le jour de sainte Scholastique, je commençai une neuvaine. Le soir même m'arrivait un brave homme de l'endroit que je n'avais jamais vu, ou du moins entretenu, et qui demandait à se faire chrétien. Depuis, j'ai reconnu sa sincérité en voyant avec quel zèle il étudiait les prières et les récitait à la chapelle. Il m'a ensuite amené son fils, aussi simple que lui.

Hier, j'ai voulu aller le voir chez lui, afin de l'obliger un peu, au besoin, à se déclarer devant les païens et de le compromettre pour le bien. J'ai reçu l'accueil le plus cordial. Bien mieux, une foule d'hommes du bourg et des alentours sont venus me voir et nous écouter parler de la religion. Quelques remèdes distribués à des malades étaient pour beaucoup dans cette sympathie. Mais plusieurs ont montré plus que cette sympathie intéressée. Deux autres pères de famille m'ont exprimé le désir de se faire chrétiens. Ils auraient même donné leurs noms tout de suite, si je n'avais demandé, comme ils sont des inconnus, une caution, un répondant.

Voyant ces espérances, j'ai loué pour quelques piastres une partie de la maison du premier, afin de pouvoir commodément y venir de temps en temps y dire la messe et y séjourner un peu. Si l'évangélisation progresse, il nous sera très commode et facile d'acheter cette maison qui répond à nos besoins actuels et dont le terrain est tout à fait suffisant pour un *Kong-souo* de campagne.

J'avais demandé à saint Benoît trois chefs de famille dès ce moment, car *tres monachi capitulum*. Ne puis-je pas me regarder comme exaucé ? La location de cette maison, dans des circonstances tout à fait inespérées, me confirme dans la pensée que c'est saint Benoît qui nous aide et veut prendre possession de cette région. » (Lettre du R. P. David, S. J., citée par le Bulletin de Saint-Martin. Juillet 1895).

TRICHINOPOLY, février 1894. — « ... Une agence américaine établie à Calcutta vend pour trois roupies de petites planchettes en forme de cœur ; à la base sont fixées de petites roulettes et à l'extrémité un trou permet d'y passer un crayon. Il suffit que deux personnes, mettant la main sur la planchette, invoquent l'esprit ; celui-ci répond à toutes les questions. Mais il veut être interpellé en termes polis, et la formule est ordinairement celle-ci : « Madame, je vous salue. » Jugez de la vogue de ces merveilleuses planchettes ! La poste en distribue presque tous les jours, et païens de toutes sectes s'amusent avec le diable. La tentation est bien forte pour nos chrétiens, et il a fallu en menacer plusieurs du refus des sacrements pour les empêcher de se mêler à ces diableries ou d'acheter l'instrument.

« Voici un fait qui a causé un grand émoi parmi tous les spirites. — Un jour, pendant que je disais mon bréviaire, un jeune brahme que je puis appeler catéchumène, tant il désire le baptême, vint me dire qu'il était tout bouleversé par ce qu'il venait de voir et d'entendre. On l'avait conduit dans une maison où la planchette fonctionnait, et voici les demandes et les réponses qui avaient été faites en sa présence : « L'hindouisme est-il vrai ? » — « Oui. » — « Le boudhisme est-il vrai ? — « Oui. » — « Le christianisme est-il vrai ? » — « Non. » A cette dernière réponse, le jeune brahme n'avait pu s'empêcher de dire : « Oh ! la planchette est une menteuse, et je la défie bien d'écrire si je place sur elle une croix ou médaille de saint Benoît, comme celle que portent les chrétiens. » Immédiatement la question avait été posée à la planchette : « Madame, écrivez-vous devant la croix ou médaille de saint Benoît ? » Une réponse affirmative avait déconcerté le brahme, et c'était pour avoir une médaille de saint Benoît qu'il était venu me voir. — Que faire ? Après un semblable défi, il était bien difficile de reculer... Confiant dans la foi naïve du jeune indien, je lui donne une médaille et l'engage à aller prier devant le Saint Sacrement. Il le fit et partit aussitôt pour fermer la bouche au diable.

« Arrivé sur les lieux, il place la médaille sur la planchette et, au grand étonnement de tous les spectateurs, cet esprit si complaisant qui avait répondu jusque là à toutes les questions, se tient coi et reste complètement muet. La planchette qui s'agitait continuellement, même quand on ne l'interrogeait pas, ne bouge plus. Pendant une demi-heure on continue à interroger, on insiste. Silence obstiné. — Le jeune brahme enlève la médaille : même résultat. Mais alors, pour achever de confondre le diable et ses clients, le jeune homme s'adresse à la planchette : « Parle maintenant ; écriras-tu de nouveau devant cette médaille ? » La planchette s'ébranle et écrit un gros « non ! » On répète plusieurs fois la question et la planchette donne toujours la même réponse. Elle finit même par dire qu'elle ne voulait plus écrire en présence du jeune brahme. — Je tiens tous ces détails du héros même de l'histoire qui vint immédiatement me la raconter, et son récit m'a été confirmé par un témoin oculaire, grand partisan de la planchette. » (Relation du R. P. Lacombe, S. J.).

Dole-du-Jura, 11 juin 1896. Fête de la translation du corps de saint Benoît en France.

X. GUICHARD, curé.

VINGTIÈME BULLETIN

LA MÉDAILLE DE SAINT BENOÎT ET LES SERPENTS EN AMÉRIQUE. — C'était il y a quelques années. Les Missionnaires travaillaient d'un cœur vaillant à l'évangélisation des pauvres infidèles d'une grande contrée de l'Amérique. Ils apprenaient à ces peuplades assises à l'ombre de la mort, les vérités sublimes qui conduisent à la vie. Missions, écoles, œuvres de toutes sortes répandaient abondamment la douce influence du christianisme : en un mot, la parole de Dieu tombait et germait dans une bonne terre. Le démon, ce prince qui règne en maître chez les infidèles, cherchait bien, parfois, à jouer de vilains tours aux nouveaux convertis. Mais les Missionnaires veillaient. Notre-Seigneur a laissé des armes à son Eglise pour combattre les influences de l'enfer. Ils avaient habitué même les enfants à se servir efficacement de l'une d'elles, de celle dont Satan craint fort les blessures. Jugez-en plutôt. — Désolés de voir combien les serpents, d'une espèce très venimeuse, causaient de ravages dans la contrée, les Missionnaires eurent la pensée de munir chaque élève de leurs écoles de la médaille de saint Benoît. Dès lors, plus de morsures de ces mauvais reptiles. Un garçonnet de cinq à six ans, un jour, voit, dressé devant lui, le dard menaçant, un de ces redoutables serpents. Autrefois, l'enfant se serait enfui à toutes jambes ou aurait senti la peur envahir tout son être ; on serait accouru à ses cris, et le venin du serpent l'aurait mis à deux doigts du tombeau. Aujourd'hui, les rôles sont changés : « C'est toi, vilaine bête, dit l'enfant. Approche donc. Je ne te crains pas. Voici ma médaille. Mords-la, si tu peux. » La médaille bénite à la main, il poursuit la bête malfaisante qui se hâte de rentrer dans les broussailles voisines on dans un trou.

Tel est le fait dans toute sa simplicité. Il m'a été raconté par un prêtre de la Compagnie qui s'honore d'avoir saint Vincent de Paul pour fondateur et pour père. Les sceptiques et nos gens à grande science voudront voir là autre chose que ce qu'il y a. Quant à nous, qu'il nous suffise de savoir « que l'usage de la médaille de saint Benoît a été sanctionné et encouragé par les plus riches indulgences, et que, d'ailleurs, une longue expérience a prouvé combien cette médaille est utile pour délivrer les corps humains, les maisons, les animaux même de toute influence diabolique, pour guérir de la peste et de beaucoup d'autres infirmités ; pour préserver de tout danger de la foudre ; pour fortifier dans les tentations et conserver la pureté de l'esprit et du cœur. »

« La foi vive et la confiance du saint homme de Tours, M. Dupont, n'ont jamais été trompées par le fréquent emploi de la médaille de saint Benoît. Ayons la foi comme lui, et Dieu nous exaucera. » (*Annales de la Sainte-Face*, 1894).

KIANG-NAN. — LA GROTTE DU SAINT-HOMME. — « J'avais appris qu'aux environs d'une chrétienté naissante, il existait une grotte curieuse dont la légende disait bien des merveilles. Ma curiosité fut piquée et je résolus d'y aller faire un tour. Une chose certaine, c'est que les vauriens, mendiants et rôdeurs de nuit y avaient élu domicile. — Quand nous arrivâmes, ils étaient là six ou sept à l'entrée de la grotte. La visite fut rapide... La grotte est dédiée à un poussah. A la dérobée, j'ai jeté là une médaille de saint Benoît. Il est là en fort mauvaise compagnie ; qu'il me le pardonne ! Je ne désespère pas d'apprendre qu'un jour, avec ou sans le bras séculier, il aura rendu la caverne à son honnête solitude.

« Vive le Seigneur ! Quelle victoire ! J'entrevois un avenir florissant et le baptême de la caverne au nom de saint Benoît qui sera bien le vrai « saint homme ».

P. S. — « De plus en plus fort. Je l'ai vu, de mes yeux vu. Qui donc ? — Le chef de la bande, « la Vieille-Tête », pour lui garder son titre chinois. Il est venu me voir, conduit par un catéchumène ; il veut se faire chrétien lui-même. Quoi ? Le patron des voleurs ? Mais est-ce bien possible ? Et ses employés ? — Ils sont tous partis. Il est seul dans la grotte avec sa femme et son enfant... son enfant qu'il veut me donner à l'école. — C'est aujourd'hui samedi, c'était lundi dernier que je mettais 20 sapèques de pourboire dans cette main crochue. Dites que saint Benoît ne va pas vite en besogne.

« L'admettre d'emblée, c'est autre chose. Que diraient les païens et que deviendrait notre réputation ? J'ai chargé son protecteur de lui expliquer chinoisement mon embarras. Je promets de le recevoir dans un an, quand il aura donné des preuves évidentes de conversion. — Qu'on ne dise pas : C'est pur hasard, c'est fortuit, c'est en passant. Non ; pour qui connaît les mœurs chinoises, il y a dans cette dissolution d'une vieille association de mandrins de la pire espèce quelque chose de très peu naturel.

« Les employés reviendront-ils ? la Vieille-Tête persévèrera-t'elle ? C'est le secret de l'avenir ; mais le fait d'un changement si brusque, d'une espèce de conversion en projet, suffit à mon étonnement et mérite nos actions de grâces. Que saint Benoît en ait donc tout l'honneur ! Je retournerai visiter la grotte, j'éprouverai le pénitent. A l'entrée de la caverne se trouve un vilain poussah. Nous l'enterrerons après enquête et nous mettrons saint Benoît à la porte. »

12 janvier 1895. — « ... Le chef de voleurs n'a pas reparu, comme je m'y attendais. Mais la grotte a été fermée. On a amassé une quantité de pierres à l'entrée qui en murent la porte. Il ne reste plus qu'à l'acquérir... L'avenir réserve peut-être la surprise du plus poétique des pèlerinages aux futurs convertis. Dans ma nouvelle église, à peine achevée, je pense à consacrer un autel à saint Benoît, le bon Patriarche. » (Lettres du R. P. Bizeul, S. J).

Tahuata (Iles Marquises). — « Il y avait dans mon île, écrit le R. P. Materne, une jeune personne, autrefois élève des sœurs à Atuona, qui tomba malade de la phtisie. Nos Canaques redoutent particulièrement cette maladie. Comme elle est contagieuse ici, les parents résolurent de se retirer avec leur enfant dans une petite vallée où ils seraient seuls. Déjà la maladie présentait un caractère sérieux et il n'y avait plus d'espoir de guérison.

« A cette nouvelle, je montai en pirogue, désireux de procurer à cette pauvre enfant les consolations de mon ministère. Après quelques paroles d'encouragement, je lui proposai de se confesser. Soit l'illusion d'une guérison prochaine dont ces sortes de malades ont la coutume de se bercer, surtout lorsqu'elles n'éprouvent aucune douleur, soit plutôt un artifice du démon qui redouble d'efforts pour empêcher les âmes de lui échapper, la jeune poitrinaire ne voulut pas se rendre. Mes instances n'obtinrent qu'un refus plus accentué. Il fallait attendre l'heure de la grâce et une occasion plus propice.

« Avant de me retirer, j'offris à la pauvre malade une médaille de saint Benoît. Elle l'accepta volontiers et la mit à son cou. Huit jours après, nouvelle visite. J'étais bien décidé cette fois à tenter un assaut décisif. La personne ne m'en donna pas la peine ; elle ne fit aucune difficulté ; ses dispositions étaient tout autres. Non seulement je pus la confesser, mais, comme elle avait reçu autrefois le scapulaire dn Mont-Carmel, je lui en donnai un nouveau. Bref, je fus aussi satisfait de ma seconde visite que je l'avais été peu de ma première. J'attribue à la médaille de saint Benoît les bons sentiments qui ont couronné la vie de cette personne. » (*Revue de l'Œuvre du P. Damien,* citée par les *Annales de la Sainte-Face,* janvier 1895).

Orphelinat de Gédaïdat-Margyoum (Syrie), 28 mars 1896. — « ... Mon petit converti (par la médaille de saint Benoît) se maintient ; il met de la bonne volonté. — J'ai placé une médaille de saint Benoît à mon rucher, il y a deux mois. Or, le 19 de ce mois, à huit heures du matin, un nuage de grêle s'est abattu sur notre vallée et y a fait quelques dégâts dans notre voisinage ; mais les premiers grêlons, gros comme des œufs de pigeon, se sont arrêtés au mur extérieur de notre rucher. Si l'orage avait poussé la grêle cinquante mètres plus loin, il brisait tous mes châssis et hachait toutes mes primeurs !... » (Lettre de M. l'abbé Briaux).

Su-Tchuen méridional. — « Kia-tin-fou, 2 septembre 1893... Le mari de cette femme, le premier qui se soit déclaré chrétien, il y a juste deux ans, me racontait que le diable faisait toutes les nuits chez lui un tapage infernal qui ébranlait la maison. Je jetai à son insu une médaille de saint Benoît dans un coin obscur de l'appartement, et lui demandai, quelques jours après, si le diable venait encore : « Depuis la visite du Père, me répondit-il, il n'entre plus, mais se contente de faire du bruit à l'extérieur. » (Lettre du P. Martin, citée par Mgr Chatagnon. — Compte rendu de 1893).

Dole-du-Jura, 13 novembre 1896. Fête de tous les saints de l'Ordre de saint Benoît.

X. GUICHARD, curé.

VINGT ET UNIÈME BULLETIN

MACRI-KEUÏ (Turquie), le 19 octobre 1896. — « ... Au printemps dernier, une épidémie de croup sévissait dans le pays ; de jour en jour le nombre des malades augmentait, si bien qu'on fut obligé de licencier toutes les écoles de Macri-Keuï, sauf celle de N.-D. du saint Rosaire qui continua tranquillement ses classes. De tous nos élèves, deux seulement furent légèrement indisposés : ils nous revinrent en parfaite santé après deux jours d'absence.

Le cher Frère Directeur avait placé une médaille de saint Benoît à l'entrée de chacun de nos appartements Comme vous le voyez, il a fait bonne garde. — Ces belles médailles, avec la croix qu'elles portent, plaisent également aux schismatiques et aux unis ; aussi c'est un plaisir de voir les efforts que font tous nos enfants afin d'en mériter. » (Lettre du Frère F. E., Petit Frère de Marie).

ZAHLÉ (Syrie), 23 avril 1896. — « ... J'ai recours à vous pour me tirer de l'embarras dans lequel je me trouve ; et cet embarras, ne vous en déplaise, c'est saint Benoît qui m'y a jeté. J'avais pu me procurer par hasard quelques-unes de ces médailles bénies ; presque chacune d'elles a été l'occasion de faveurs très spéciales, pour ne pas dire extraordinaires : une personne entr'autres, très ennuyée, très fatiguée et tourmentée par des pensées mauvaises de tous genres, au point qu'elle pouvait difficilement trouver un instant de repos, et commençait presque à désespérer de son salut éternel ; cette personne reçoit de moi une médaille bénite de saint Benoît, et aussitôt, comme par enchantement, cessent toutes les tentations et tous les tourments intérieurs ; la paix revient, et avec cette paix une confiance sans bornes en la miséricorde de Dieu. Vous comprenez bien qu'en présence de ces faits, un missionnaire qui entend pas mal de confessions et rencontre souvent des âmes qui ont un besoin immense de secours particuliers, désire user de la bienveillante protection de saint Benoît et profiter des grâces attachées au port de sa médaille.

... Toutes les sectes sont ici en face de nous, s'unissant admirablement pour entraver nos travaux et faire échouer nos efforts ; c'est un champ magnifique ouvert aux miséricordes du Sacré-Cœur par l'intercession de saint Benoît et les grâces attachées à sa médaille. Or, de ces médailles, je n'en ai point... Je vous demande l'aumône. J'aimerais bien la faire porter aux plus grands des nombreux enfants qui fréquentent nos écoles ; je vous remercie d'avance, mais votre plus grande récompense sera de voir que, par la protection de votre cher saint Benoît, beaucoup d'affligés seront consolés et Dieu sera glorifié de plus en plus. » (Lettre du R. P. Chabrand, S. J.).

TRICHINOPOLY, 1er octobre 1896. — « Voici. parmi les nombreux miracles de saint Benoît, opérés au moyen de sa médaille miraculeuse, celui qui est le plus récent. Dans le village d'Ideicatour, où réside le P. Celle et qui est composé de chrétiens et de païens vivant dans deux quartiers séparés, une jeune veuve chrétienne menait une vie scandaleuse avec un chrétien de l'endroit et faisait le déshonneur de la religion catholique. Le missionnaire et les chrétiens essayèrent tous les moyens pour ramener ces deux pauvres âmes, mais prières, exhortations, menaces, échouèrent devant l'obstination de ces infortunés. A la fin, le P. Celle fit appeler son catéchiste et, mettant deux médailles de saint Benoît dans ses mains : « Mon ami, lui dit-il, nous avons essayé tous les moyens humains et sans résultat, mais tu vas voir comment saint Benoît sait arranger les choses. Va jeter ces deux médailles dans la maison des coupables et attends le résultat. » — Il faut savoir que nos deux pécheurs, afin d'échapper aux admonitions des chrétiens et de leur propre conscience, avaient fini par quitter le quartier chrétien pour aller s'établir au beau milieu des païens. Le catéchiste réussit cependant à introduire les deux médailles dans les murs de la maison qu'ils occupaient. Eh bien, deux jours après, sans aucune intervention humaine, la jeune veuve était partie pour son village, tandis que l'homme venait se jeter aux pieds du missionnaire, demandant pardon de sa faute et faisant une réparation publique, devant tous les chrétiens du village, du scandale qu'il avait donné. — Celui qui était le plus étonné en cette affaire, c'était le catéchiste qui ne pouvait comprendre comment les choses avaient pu marcher si vite. A la fin, cependant, il revint de son étonnement en comprenant le pouvoir de saint Benoît, et s'adressant au missionnaire : « Maintenant,

Père, dit-il, quand j'aurai une chose difficile à obtenir, je sau-
rai à qui m'adresser. »

« Dimanche, nous placerons la statue de saint Benoît sur son
trône dans la petite chapelle élevée au milieu des brahmes
chrétiens, de sorte que j'ai le ferme espoir que ce bon Saint
gardera nos jeunes gens et les préservera des attaques de Satan
et de ses suppôts, si nombreux en ce pays-ci... » (Lettre du
R. P. Billard, S. J.).

ARRIS (Aurès, Afrique du Nord), 19 avril 1896. — « ... Les
marabouts musulmans essaient de détourner les Chaouia de
nous fréquenter, parce qu'ils s'aperçoivent que la confiance de
leurs fidèles les abandonne pour se porter vers les missionnaires. Les amulettes n'ont plus de vogue ; on n'y croit plus
et bien des personnes s'en défont, persuadées que tous ces
griffonnages ne sont bons qu'à les faire tourmenter par le
démon. — Une jeune personne, qu'on disait possédée, me fut
amenée par son père. Elle ne sait que la langue chaouïa, mais,
quand le démon la tourmente, elle ne parle plus qu'arabe. Elle
m'a même affirmé que ce n'est point elle qui parle, mais le
démon qui se sert de sa personne pour répondre. Elle m'a
ajouté : « Ce n'est point une douleur véritable que je ressens
alors, mais de véritables coups ou des pincements. » Elle était
converte d'amulettes. Je lui conseillai de s'en débarrasser et de
les brûler, ce qu'elle fit aussitôt. Je lui donnai ensuite une
médaille de saint Benoit qu'elle renferma dans le sachet qui
contenait autrefois les amulettes. Le démon ne lui fit aucun
mal. Les voisines étonnées vinrent me trouver et me remirent,
elles aussi, leurs amulettes. » (*Bulletin des Missions d'Afrique*,
mai-juin 1896).

SU-TCHUEN oriental, 2 mai 1896. — « ... Yeôu-Yang-Tcheoù
est une préfecture de second ordre. Les gens au milieu desquels
nous vivons sont passablement turbulents. Ils en ont donné la
preuve par maintes persécutions qu'ils nous ont suscitées. Le
sang des martyrs a coulé ici plus abondamment que dans
tout le reste de la province. Tout à côté de ma chambre, il y a
une salle où sont déposés quatre cercueils, restes des martyrs
qui n'ont pas encore eu les honneurs de la sépulture. — Je
voulais vous dire qu'on n'invoque pas saint Benoît en vain
quand il s'agit de le mettre aux prises avec le diable, et c'est
toujours lui qui a la victoire. — Voici la chose :
« Nous avions une pharmacie toute délabrée dans un gros
marché, à une journée de la ville où nous résidons. Il fut
décidé, avec la permission de Monseigneur, qu'il fallait rebâtir
la maison. Le P. Faucon fut désigné pour exercer les fonctions

d'architecte. Les travaux sont poussés vivement, et bientôt les murs en briques s'élèvent à deux mètres au-dessus du sol. Evidemment l'esprit du mal ne pouvait pas nous laisser continuer sans nous manifester son dépit. Nos voisins sont tous païens. L'un d'eux voulut réclamer qu'on avait empiété sur son terrain pour les fondations. On lui démontra qu'il parlait pour ne rien dire. Il ne se tint pas pour battu et se mit à crier, avec force invectives à notre adresse, que nous avions dérangé le génie tutélaire de sa famille ; la preuve, disait-il. c'est qu'un de ses enfants était malade juste depuis le commencement des travaux. Exaspéré de voir que nous ne tenions aucun compte d'une réclamation aussi pieuse au sens païen, il menace de démolir le mur, et, de fait, passant des paroles aux actes, un beau matin il se précipite sur le mur et en démolit quelques briques qu'il jette par terre. C'est alors que le P. Faucon m'envoya une estafette, en me disant qu'il fallait un coup de main énergique pour mettre fin à ces scènes dont les conséquences pouvaient être graves. En effet, je prévins l'autorité de ce qui se passait, mais avant, j'envoyai des médailles de saint Benoît au Père, en lui disant d'en mettre dans l'intérieur des quatre angles du mur. Aussitôt les choses changèrent de face. Le plaignant, non seulement se tut, mais il nous fit dire, par des tierces personnes, qu'il avait eu tort d'agir ainsi et qu'il nous priait de tout oublier. On lui répondit que, puisqu'il reconnaissait ses torts, on consentait à ne pas le poursuivre en justice, mais que, désormais, il avait à nous laisser tranquilles. Sans crier au miracle, je crois que l'on peut dire que le revirement de cet énergumène n'est pas seulement l'effet de la peur de la justice humaine, mais que saint Benoît a droit à une bonne part.

« Donc les murs se sont élevés rapidement, sans aucun autre obstacle, et au bout de deux ou trois mois, nous avions une pharmacie à nous, avec un oratoire bien propret et bien gentillet. Un oratoire, c'est bien, mais que c'est triste pour le cœur du missionnaire de ne voir personne y venir prier ! C'était le cas dans l'endroit. Jusqu'ici Long-Lan, c'est le nom du marché, s'est montré rebelle à toute prédication. Nous n'avions là qu'un baptiste chrétien et une famille qui, ayant apostasié pendant de longues années, était venue depuis peu à résipiscence. Le chef de famille seul était baptisé. Il fallait trouver moyen de faire une brèche aux remparts de Satan. Vous devinez les secrets de ma stratégie. Quand tout a été terminé, le P. Faucon m'a invité pour la bénédiction du nouvel oratoire. Le lendemain, j'étais à Long-Tan. Nous avons choisi saint Benoît pour Patron de l'endroit. Le jour de la bénédiction, avant la messe, j'ai proclamé publiquement saint Benoît patron de Long-Tan, en le priant de nous amener au plus tôt de nombreux adorateurs. Un prêtre indigène a été désigné pour prêcher dans l'endroit et, au bout de deux mois, plus de 100 païens étaient venus faire le premier acte d'adoration du vrai Dieu. Espérons que tous ces nouveaux adorateurs persévéreront et que leur exemple sera suivi par un grand nombre d'autres... » (Deuxième lettre de M. l'abbé Cacault. Voir la première lettre au *VIIIe Bulletin*).

Dole, 10 février 1897, Fête de sainte Scholastique.

X. GUICHARD, curé.

VINGT-DEUXIÈME BULLETIN

ZANZIBAR, 10 octobre 1896. — « Le grand saint Benoît a fait un miracle sur une de mes malades, morte après un mois de séjour à l'hôpital. Fille pécheresse, elle payait ses fautes passées par des souffrances intolérables parfois. Elle éprouvait une horreur à nulle autre pareille à la pensée de la mort qu'elle sentait approcher. La veille de sa mort, elle me suppliait de ne pas la laisser mourir, et me priait de ne plus la quitter, même la nuit, ajoutant qu'elle crierait si fort, au surplus, qu'elle espérait bien que j'accourrais. Le lendemain, vers midi, elle rendit le dernier soupir dans une paix et une confiance qui ne viennent pas de la terre. La transformation s'était faite en son âme du moment que je l'avais excitée à implorer saint Benoît et à baiser souvent sa médaille, pour chasser le démon, jaloux de la voir chrétienne *repentante*. Sa fin édifia son entourage, étonné de lui avoir vu passer la nuit et la matinée dans un calme complet, disant tout haut qu'elle n'avait plus peur, parce que Dieu est plus puissant que le diable et que saint Benoît priait pour elle.

N'est-ce pas un trait à citer parmi les faveurs de ce grand Saint qui m'aide souvent et auquel je n'oublie pas de m'adresser. » (Lettre de M. Chevalier).

CEYLAN. — « ... Dernièrement j'étais appelé auprès d'un malade âgé de 46 ans environ. Le pauvre homme était fou de naissance. Il n'y avait rien à faire, sinon qu'à suivre les prescriptions de la théologie. Selon mon habitude, je donnai une médaille de saint Benoît. — Puisque j'en suis à la médaille de saint Benoît, je vous dirai qu'elle m'a donné de très beaux résultats, tant matériels que spirituels ; aussi j'en use fréquem-

ment. Vous me feriez bien plaisir en m'en envoyant une nouvelle provision... » (Lettre du R. P. Guérin, O. M. I. — *Petit
Messager des Missions.* Mai 1897. — Voir le *XVe Bulletin*).

Mayssour. — « J'ai expérimenté plusieurs fois combien est
efficace contre le démon la médaille de saint Benoît. Un jour,
à mon arrivée dans une plantation, les païens, sachant que
j'étais le « gourou » des chrétiens, vinrent me supplier de leur
donner un remède contre l'obsession du démon. Je m'informe
du cas dant il s'agit, et j'apprends qu'un pauvre *toulou*, pour
n'avoir pas sacrifié un coq à la divinité du lieu, était devenu
possédé. Il demeurait des journées entières étendu par terre
sans donner signe de vie, sans prendre de nourriture et sans
parler. Je confiai alors à un chrétien une médaille de saint
Benoît, en lui recommandant de l'attacher au cou du patient ;
dès qu'il arrive à la hutte du malade, celui-ci se lève et s'écrie :
« Jetez dehors ce que vous avez apporté. » Sans rien dire, le
chrétien s'approche de lui et attache la médaille à son cou.
Aussitôt la figure du *toulou* s'épanouit ; il se lève, parle,
demande ce qui s'est passé et veut venir me remercier. » (Lettre
de M. l'abbé Laurent. — Compte rendu des travaux des Missions étrangères pour 1894).

Shimoga (Mayssour), avril 1897. — « Outre le fait raconté,
dans le compte-rendu, de ce pauvre possédé, immédiatement
délivré des étreintes du démon par la présence de la médaille de
saint Benoît, j'ai eu l'occasion de voir aussi combien ce grand
Saint est puissant pour protéger dans les maladies, même les
animaux. En 1887, étant dans une ferme agricole comprenant
environ 150 orphelins recueillis pendant la famine, je m'occu-
pais avec eux à cultiver les rizières, lorsqu'une maladie, qu'on
appelle ici « la grande maladie », vint s'attaquer aux bêtes à
cornes. Dans chaque maison des villages païens qui nous
entouraient, à peu près les quatre cinquièmes des animaux disparurent, et beaucoup vinrent crever au milieu de nos trou-
peaux, mais pas un animal de la ferme ne périt, grâce à la
protection de saint Benoît dont on avait mis des médailles aux
quatre coins de l'étable. Tous les païens étaient dans l'étonnement de voir que nous n'avions perdu aucune bête de nos trou-
peaux de bœufs, vaches et buffles, et nous, nous remerciions
dans notre cœur le grand saint Benoît et avions pour sa
« médaille-médecin » une grande confiance. Plusieurs fois,
dans la suite, j'ai attribué la cessation de fièvres et de différentes maladies dont souffraient mes chrétiens à la vertu de la
médaille de saint Benoît.
Aussi, impossible de vous dire avec quel plaisir j'ai reçu la

provision de ces « médailles-médecins » que vous avez eu la bonté de m'envoyer. Un grand nombre déjà m'ont quitté pour aller orner la poitrine d'enfants et de vieillards qui ont une grande confiance au pouvoir de ces précieuses médailles. (Lettre de M. l'abbé Laurent).

ANGLETERRE, mars 1887. — « Notre sœur X. était malade depuis un an environ. Trois médecins qui la visitaient ne trouvaient pas le moyen de la soulager un peu dans ses souffrances, qui provenaient d'un mal interne si violent qu'il lui était impossible de retenir au-delà de quelques minutes la nourriture et les remèdes qu'on lui faisait prendre. Elle était toujours couchée et incapable de remplir ses devoirs. Notre seul mais grand espoir était dans la prière à saint Benoît. Nous écrivîmes à un Père bénédictin que nous connaissions pour lui recommander notre chère malade. Il lui envoya une médaille bénite de saint Benoît, nous dit ce que nous devions faire et promit d'unir ses prières aux nôtres. Nous fîmes ce qu'il nous avait prescrit et, à la fin d'une neuvaine au Bienheureux Père, en la fête de sainte Gertrude, notre Sœur fut tout à coup et complètement guérie pendant le Saint Sacrifice de la messe. Quelques jours après, elle reprit toutes ses occupations d'autrefois. — Depuis lors, elle n'a pas senti la moindre reprise de son mal; c'est pourquoi nous avons désiré, pour la gloire de Dieu. à l'honneur de saint Benoît et pour l'encouragement des pauvres malades, faire connaître à vos lecteurs comment saint Benoît a répondu admirablement à nos prières et à notre confiance. » (*Messager des Fidèles* de Maredsous (Belgique). — Avril 1887).

TCHÉ-TCHÉOU-FOU, novembre 1895. — « Depuis deux mois, mes vierges sont parvenues à détacher du protestantisme trois familles. Trois de leurs petits garçons sont à mon école et trois jeunes filles à celle des vierges. Or, hier, la directrice de l'école vint m'apprendre qu'une de ces petites filles était mourante, atteinte d'une espèce de cholérine. La vierge avait employé tous les remèdes, mais en vain. Je lui donnai une médaille de saint Benoît pour la suspendre au cou de l'enfant. Aujourd'hui, un médecin intelligent, qui avait constaté la gravité du mal, m'affirme qu'il n'y a plus rien à craindre. En effet, on vient de m'avertir que le mieux a continué et que l'enfant est en pleine convalescence. J'avais promis à Dieu de vous écrire pour la gloire de votre Bienheureux Père, si l'enfant ne mourait pas. J'accomplis ma promesse. » — (*Bulletin de Saint-Martin*, Ligugé, mars 1896, — Deuxième lettre. — Voir le *XIXᵉ Bulletin*.)

Tché-tchéou-fou (Kiang-Nan), 23 septembre 1896. — « ... Ma chrétienté de saint Benoît est encore bien petite. J'ose vous demander de faire prier pour elle et pour le missionnaire lui-même. Ce n'est pas cependant que mes néophytes oublient saint Benoît. Plusieurs ont même déjà reçu ses faveurs. Mon catéchiste, excellent néophyte, venait me dire, il y a quelques jours, que son petit garçon de huit mois refusait toute nourriture et même le lait de sa mère. Il me demandait pour lui une médaille de saint Benoît. A peine l'eut-il à son cou qu'il cessa de pleurer et prit sa nourriture habituelle. Depuis, il continue à bien aller.

J'ai peut-être aussi sauvé, par le même moyen, le bœuf d'une pauvre famille. Un bœuf, quoi qu'il ne vaille que 40 ou 50 francs ici, fait cependant toute la fortune de nos pauvres cultivateurs. Ceux dont je parle venaient de voir mourir le bœuf du voisin. Le leur était couché et refusait de manger. Son poil leur paraissait déjà rude au toucher. Ils me demandent un remède. Un remède naturel, je n'en avais point. Je leur donne une médaille de saint Benoît. Ces braves gens la lui suspendent au cou avec un beau cordonnet rouge ; en même temps, ils lui apportent une autre herbe, meilleure que la précédente. Aussitôt le bœuf se met à manger. Il n'a point été malade depuis. — Je suis bien résolu à répandre la médailfe encore plus... » (Troisième lettre du R. P. David, S. J.).

Dole-du-Jura, 11 juillet 1897, Fête de la translation, du corps de
saint Benoît en France.

X. Guichard, curé.

VINGT-TROISIÉME BULLETIN

Côte d'Or d'Afrique, 6 novembre 1893. — « Au mois d'avril, deux noirs étaient condamnés à mort pour meurtre. En qualité d'aumônier de la prison coloniale, j'allai les voir dans leur cellule. Or, pendant que l'un était calme et résigné à son sort, m'écoutant avec attention lorsque je leur parlais, et se plaignant même de ne pas me voir quand j'étais empêché de faire ma visite quotidienne, l'autre ne faisait que hurler et blasphémer, protestant de son innocence, ne voulant rien entendre et tentant de se suicider, ce qu'on put heureusement empêcher. — Ne sachant plus, comme on dit, à quel saint me vouer pour avoir raison de ce forcené, j'eus l'idée de m'adresser à un gar-

dien de la prison, qui était bon catholique, et je lui demandai
de glisser une médaille de saint Benoit sous la couche du con-
damné. L'effet ne se fit pas attendre. Comme j'arrivais à la prison, juste au moment où l'officier qui en était chargé avertis-
sait les malheureux que le jugement qui les condamnait à mort,
ayant été ratifié par le gouvernement, allait recevoir son exécution dans six jours, voilà mon prisonnier intraitable qui,
tout changé, me prend les deux mains en pleurant et en me
suppliant de ne plus le quitter. En même temps, il faisait
l'aveu de son crime et se montrait résigné à mourir. Ainsi la
médaille de saint Benoît avait chassé le démon du désespoir,
en le remplaçant par la confiance en Dieu et le repentir.

J'ai donc profité du temps qui restait pour instruire les deux
condamnés, et j'ai eu la consolation de les baptiser le matin
même de l'exécution. Puis je les ai conduits à l'échafaud et ils
ne cessaient de prier pendant le trajet, me disant au revoir au
Ciel, récitant une dernière fois l'acte de contrition et, en demandant pardon pour leurs crimes, pardonnant eux-mêmes à leurs
ennemis. Au moment suprême, quand on rabattit sur leurs
yeux la calotte noire, ils disaient encore : « Doux Cœur de
Jésus, miséricorde ! » ce furent leurs dernières paroles. —
Qu'ajouter à ce simple et émouvant récit ? Nul doute qu'il ne
serve, chez tous ceux qui le liront, à grandir ou à faire naître
la dévotion à la médaille miraculeuse de saint Benoît, dont
l'efficacité se manifeste chaque jour, pour ainsi dire, par de
nouveaux prodiges! » (*Bulletin de N.-D. de la Sainte-Espérance.*
Cité par la *Petite Revue des Ames pieuses.* Novembre 1894).

DIÉGO-SUAREZ, février 1895. — « ... La semaine dernière,
sœur Thérèse entendit tout à coup des bruits de tam-tam, des
cris, des danses dans une case dont toutes les issues étaient
soigneusement closes. Nous savions déjà que le culte du démon
était en honneur dans le quartier et souvent, de la maison,
nous avions entendu la musique de ses adeptes. Sœur Thérèse
ne douta donc pas un instant qu'elle ne se trouvât devant une
case consacrée à Satan. Non sans peine, elle arriva à se faire
ouvrir les portes... Au moment où elle avait pénétré dans la
case, un éclat de rire strident s'était fait entendre sans qu'elle
put voir d'où il partait, d'autant que la stupéfaction et la honte
étaient peintes sur tous les visages. Au milieu de la pièce, une
sorte de possédée essayait de se contenir devant la sœur dont
la présence la gênait. — Nous avons prévenu le P. Augustin
qui dirige l'œuvre malgache : il nous a dit de cacher dans la
case une médaille de saint Benoît; ce moyen lui a souvent
réussi. Gêné par la médaille, le démon ne vient plus ; alors les
pauvres gens se fâchent et jurent de ne plus faire de fêtes en

son honneur. » (*Annales de l'Œuvre de Marie immaculée*, septembre 1897).

Diégo-Suarez, 15 juin 1897. — « Nous employons souvent (au dispensaire), des moyens surnaturels, et nous obtenons par là d'heureux effets. Nous avons vu une simple petite cuillerée d'eau de Lourdes produire immédiatement un résultat qu'on n'avait pu obtenir par des remèdes énergiques. Une autre fois, une femme très malade ayant consenti à ôter un gris-gris ou amulette et à le remplacer par une médaille de saint Benoît, a été guérie le soir même. » (*Annales de l'Œuvre de Marie immaculée*, septembre 1897).

Acquisition d'un jardin endiablé. — Cochinchine française.— M. Hamon n'a vu que tardivement son district participer au mouvement qui entraînait les fidèles vers notre sainte Religion. Mais, grâce à la protection de saint Benoît dont il avait distribué la médaille un peu partout, et à qui il avait promis de consacrer la première chrétienté qu'il fonderait, il a pu baptiser, cette année, 208 païens et constituer six nouveaux postes chrétiens. « Enfin, écrit-il, ce populeux pays du sud de mon district, où la croix n'avait pu se fixer, est sérieurement entamé. C'est partout un véritable enthousiasme ; les nobles et chefs des villages semblaient se faire un honneur de venir à ma rencontre, de fêter les nouvelles fondations par de joyeux festins, et de me prêter toute l'aide désirable, soit en m'accordant des terrains pour bâtir des chapelles, soit en me fournissant des corvées pour ces petites constructions. Aussi c'est vite fait. Ainsi, à Saint-Paul-de-Xuan-an, on m'indique un superbe jardin qui était, disait-on, si endiablé, que tout homme ou bœuf qui essayait d'y travailler était frappé aussitôt d'un mal mystérieux amenant une mort prompte. Sa valeur était bien de 5 ou 600 francs ; on me le cède pour 30. Le jeudi 4 juillet, le chef du canton et le maire du village, avec 50 hommes, pioches en main, m'attendaient. Il fallait élever un remblai pour y placer la case de la chapelle. Mais personne n'osait donner le premier coup de pioche, et on me disait qu'il n'y avait pas quinze jours qu'un homme et ses bœufs y avaient été frappés de ce mal étrange, avant d'avoir fini le premier sillon. J'arrive, je fais un grand signe de croix, je montre à tous la puissante médaille de saint Benoît, la place à l'endroit où sera l'autel, et criant : « Mort à tous les diables, le chrétien n'en craint aucun ! » je lève une forte motte de terre et en recouvre la sainte médaille. Les néophytes en font autant ; tous enfin s'y mettent, et à midi nous avions un remblai de 15 mètres sur 6 et à hauteur voulue. Personne ne s'en est mal trouvé. »

Une persécution locale vint arrêter les conversions. « Mais peu à peu le calme a reparu et je vois déjà les épis jaunissants : je tiens prête ma faucille, et nous recueillerons dans l'allégresse ce que nous avons semé dans les larmes. » (Compte rendu des travaux de la *Société des Missions étrangères*, 1896).

L... (Ecosse), mars. — « Votre petite boîte et son contenu sont arrivés en bon port, et ont été reçus avec autant de plaisir que de reconnaissance. Permettez-moi de vous dire combien ces médailles de saint Benoît vont faire d'heureux, et comment elles seront pour beaucoup une source de grâces. Nos catholiques d'Ecosse sont presque tous de pauvres exilés irlandais, dont la seule fortune est une foi inébranlable et on peut dire sans limites. Ces pauvres gens sont, sinon nos meilleurs, du moins nos plus généreux bienfaiteurs, car le plus souvent ils se privent pour nous donner leur aumône. — Leur donner une médaille bénite est leur faire un présent de la plus grande valeur pour eux. Ce sont de pauvres marins qui, avant de s'embarquer, réclament ce précieux talisman, avec lequel ils sont sûrs de revenir sains et saufs. Ce sont de pauvres malades qui déclarent que, munis d'une médaille, ils sont certains de guérir. *Et ils ne sont pas rares, ceux qui nous assurent avoir été guéris*, après avoir reçu et porté ce qui est pour eux un trésor d'autant plus précieux qu'on ne peut s'en procurer dans ce pauvre pays protestant. — Il n'est point de grâces que ces médailles n'aient obtenues, point de faveurs qu'elles n'aient conférées à ceux qui la possèdent. Aussi ces pauvres gens se disent-ils les uns aux autres tout le bien qu'ils en ont reçu et tous veulent des médailles. C'est pourquoi notre provision ne durera pas longtemps. » (Lettre d'une Petite-Sœur des pauvres. *Bulletin de Saint-Martin-de-Ligugé*. Avril 1897).

Dole-du-Jura, 13 novembre 1897. Fête de tous les Saints de l'Ordre de saint Benoît.

X. Guichard, curé.

VINGT-QUATRIÈME BULLETIN

Saïda (Syrie), 10 juillet 1897. — « Quand j'étais à Minieh, dans la Haute-Egypte, vous avez eu la bonté de m'envoyer des médailles de saint Benoît. Ces médailles me seraient également ment utiles ici, car le démon cherche constamment à entraver nos œuvres ; la précieuse médaille nous aide à le combattre.

Voici un fait arrivé il y a un mois et qui prouve mon assertion. — Dans un gros village grec-uni, nommé Bassa, à quatre heures vers le nord-est de Saint-Jean-d'Acre, les protestants avaient ouvert une école qui avait attiré la plus grande partie des enfants du pays. L'Evêque, désolé des progrès de la secte, m'avait prié d'aller prêcher dans cette localité et de combattre l'influence des ennemis de l'Eglise. Une des religieuses qui dirigent notre école de filles à Bassa, ayant reçu deux médailles de saint Benoît de la main du P. Hawa, qui avait auparavant prêché une retraite dans ce pays, les glisse dans l'école protestante. Au grand étonnement de tout le monde, l'école fut fermée par le Gouvernement, pendant que je me trouvais à Bassa et que j'y prêchais.

Les protestants ont été plus surpris que personne de ce coup qui les a frappés, car ils se croyaient tellement sûrs de la position, qu'ils avaient acheté une vaste maison pour y transférer l'école et transformer le reste de l'édifice en église. Saint Benoît a déjoué leurs projets. Grâces lui en soient rendues ! J'ai à les combattre un peu partout, car ils cherchent à pénétrer dans plusieurs villages catholiques et déploient dans ce but une grande activité. Ils ont pour réussir l'argent qu'ils prodiguent, mais nous espérons qu'ils ne triompheront pas : nous avons pour nous la grâce divine et les prières des âmes apostoliques. Soyez l'une de ces âmes... » (Lettre du R. P. Rolland, S. J.).

BICKFAÏA (Syrie), septembre 1897. — « Il y avait une invasion de sauterelles dans le nord de la Syrie, près de Kah, depuis deux ans. Ces bêtes font leurs œufs dans le sable et ils éclosent au printemps. Le P. Hawa donne une médaille de saint Benoît à un homme en lui recommandant de la tremper dans de l'eau qu'il répandrait ensuite sur tous les confins de sa propriété. Cet homme ne connaissait pas l'efficacité de la médaille. Les sauterelles respectèrent son champ, s'arrêtant exactement à la limite tracée par l'eau de saint Benoît, et cela alors que tout le pays fut dévoré des sauterelles. Ces bêtes, au bout de deux heures, d'un jardin font un désert ; elles dévorent jusqu'à l'écorce des arbres. Quand elles arrivent, elles font un véritable nuage sous le soleil et l'on entend le bruit de leurs ailes. Quand elles mangent, on entend leurs mandibules faire leur funeste besogne. — Voilà un fait merveilleux. Le P. Hawa en aurait mille de ce genre à raconter. Il me charge de vous remercier tout particulièrement des médailles que vous avez bien voulu lui envoyer. » (Lettre du R. P. X..., S. J.).

7

Su-Tchuen oriental, octobre 1897. — « M. le Curé (de Dole). Vos feuilles qui relatent les faveurs obtenues par l'intermédiaire de la médaille de saint Benoît nous arrivent régulièrement, et c'est par elles que j'ai connu la puissance de ce grand saint pour les causes désespérées. Ces jours derniers, j'ai eu l'occasion de l'éprouver. — J'avais dans mon district, tout à côté de moi, un chrétien à qui le bon Dieu avait départi une intelligence hors ligne, avec le don de pouvoir arranger à l'amiable tous les sujets de discorde des gens des environs. Pour l'arrangement de ces affaires, — Dieu sait s'il y en a en Chine ! — il n'était pas pressé ; au besoin il couchait deux ou trois nuits au marché, mais il parvenait à arranger toute l'affaire, fût-ce même la rupture d'épousailles, sujet si difficile en Chine, même entre chrétiens. Malheureusement, selon les mauvaises coutumes du pays, j'eus à lui reprocher un cas d'injustice pour des affaires d'argent. Ce cas pouvait n'être pas clair pour lui, mais pour moi il l'était. Au lieu de se soumettre, il en ajouta deux autres. Capacité et orgueil semblent marcher de pair. Depuis lors, quoique je me servisse de lui au besoin, il cessa de fréquenter les sacrements ; cependant il n'omit jamais ses prières. Enfin cette année il est tombé malade. Agé de 68 ans, il souffrait d'un asthme qui a dégénéré en maladie de poitrine. Il s'est alité pour ne plus se relever. Pendant un mois et demi, il n'a point voulu entendre parler de confession. En Europe, on l'eût pris pour un déiste, un juif, si l'on veut, mais pas pour un chrétien. Aux exhortations de ses enfants, il répondait par des propos qui faisaient frémir. Volontiers cependant il recevait mon vin, mes raisins, mes poires. Qu'on juge si sa famille était inquiète ! A la fin, je donnai à son fils unique une médaille de saint Benoît, lui disant de la placer sous l'oreiller du malade. Les Chinois respectent beaucoup les images ; il l'attacha avec un fil sur le devant de la moustiquaire. L'effet suivit de près. Le malade, un ou deux jours après, avant le jour, fit appeler son fils, lui dit d'aller chercher tous ceux qu'il avait lésés ou offensés, se réconcilia avec eux, et puis me fit appeler pour recevoir les sacrements. Le changement était complet. A chaque personne qui venait, il disait : « Pourquoi n'êtes-vous pas venu me voir plus tôt ? Tels et tels sont venus. Je crois que vous me gardez rancune ; oubliez tout et priez pour moi. » Je l'avais confessé plusieurs fois, mais, comme il revenait de si loin, je ne lui avais pas tout donné. Il me le demanda en disant : « La respiration peut me manquer tout à coup et c'est fini. » Je lui donnai satisfaction et il trépassa paisiblement. A cause des chaleurs intenses, il avait bien souffert. Après sa mort, sa figure n'avait point changé, ses membres sont restés souples, ce à quoi nos Chinois attachent une grande importance. Gloire à saint Benoît ! Comme Notre-Seigneur, je désire qu'aucune des brebis qui me sont confiées ne se perde. Je lui garde toute ma reconnaissance.

J'ai l'honneur d'être, Monsieur le Curé, votre obligé serviteur.

MAGNAC, missionnaire apostolique.

MOROTUWA (Ceylan), juin 1897. — « Les Religieuses Franciscaines Missionnaires de Marie ont un pensionnat à Morotuwa avec école anglaise. Il y a quelque temps, une de leurs pensionnaires, une petite anglaise de 5 ans, nouvellement arrivée dans l'île, tomba malade de la fièvre. Les Religieuses. un peu inquiètes, font prévenir la mère de la petite qui habite Colombo. Elle vient immédiatement et rassure les Religieuses en leur disant : « Ce n'est rien, j'ai un bon remède avec moi. » Aussitôt elle attache au cou de sa fille une médaille de saint Benoît ; la nuit suivante la fièvre baissa beaucoup ; la journée fut bonne ; le jour suivant, la petite était guérie, si bien que le soir elle lut le compliment au T. R. P. Vicaire Général, venu présider une soirée récréative au pensionnat de Morotuwa. Cette mère vraiment chrétienne a une confiance entière en la médaille de saint Benoît et, comme vous pouvez le voir en cette occasion, sa confiance n'a pas été déçue. » (2e lettre du R. P. Mahé, O. M. I. — Voir la première lettre au XVIIe Bulletin).

HAKODATE (Japon), 23 novembre 1896. — « ... Nos sœurs infirmières ont une très grande confiance en ce bon saint Benoît, et elles attribuent à son secours la plus grande partie des conversions qu'elles ont le bonheur de voir s'opérer parmi leurs malades. » (Lettre de Mme la Supérieure de la Sainte-Enfance).

Dole-du-Jura, le 10 février 1898. Fête de sainte Scholastique.

X. GUICHARD, curé.

VINGT-CINQUIÈME BULLETIN

ZANGUEBAR (Gulioni), 3 août 1887. — L'hôpital de N.-D. des Anges est entouré de cases. Dans les deux paillotes plus rapprochées, des cris et des chants sataniques se faisaient entendre très souvent. On y fêtait tout simplement le diable, invoqué pour guérir une malade possédée. Au début, nous souffrions et nous nous taisions en priant tout bas pour ces malheureux. Mais, depuis la réception des médailles de saint Benoît, je m'enhardis et j'invoquai *tout haut* ce grand saint, au point même d'interrompre ces cris énervants ; puis je jetai de l'eau bénite sur le toit des cases. Je n'avais obtenu encore aucun résultat quand un jour je pénétrai dans la case où les cris se faisaient entendre, pour visiter la possédée. En me voyant, elle courut se réfugier chez des voisins, refusant ma médecine, mais ayant touché la précieuse médaille et reçu quelques gouttes d'eau bénite. Ceci se passait en février.

Peu de jours après, une séance en règle eut lieu dans une autre case, et, cette fois, le tapage fut tellement infernal que je n'hésitai pas à me rendre sur les lieux. Je me vis au milieu de plus de cinquante personnes, vieillards et enfants, spectateurs des sorciers qui faisaient mille grimaces, chantaient, criaient et disaient mille paroles burlesques et mauvaises pour attirer le démon. Ma présence arrêta instantanément le tapage et chacun de m'écouter et de dire : « C'est vrai, Bibi (Madame), nous ne connaissons rien, nous n'avons rien appris, et ce que nous faisons est pour nous amuser. Tu dis que c'est mal, eh bien, nous finissons et nous ne recommencerons plus jamais. Non, jamais ! » Pendant ma harangue, je jetai de l'eau bénite, j'en inondai même celles qui se croyaient possédées, et je posai sur elles la médaille de saint Benoît sans oser la leur laisser. Je quittai cette triste société de sorciers, en les assurant qu'ils étaient de ceux pour lesquels Dieu m'avait envoyée ici.

L'œuvre de Notre-Seigneur, de la sainte Vierge et de saint Benoît est tellement complète que, depuis ces six mois, nos malheureux voisins n'ont plus recommencé leur vilain jeu. Je les visite de temps en temps, et chaque fois je leur répète que Dieu seul est puissant et peut rendre la santé et donner les biens que l'on désire ; le démon ne vise, lui, qu'à tenter l'homme, c'est pourquoi il ne faut pas jouer avec lui. Ils m'écoutent et m'approuvent. Voilà un résultat palpable ; mais prions toujours pour glorifier Dieu et ses saints.

A l'hôpital, j'ai mis au cou des malades tentés la chère médaille, et *sensiblement* les âmes devenaient souples et mettaient elles-mêmes leur confiance dans le grand saint qu'elles invoquaient avec moi. »

18 mai 1838. — « Notre bon et grand saint Benoît mérite bien nos actions de grâces pour les prodiges opérés par sa puissance. Je puis vous dire aujourd'hui que, définitivement, nos voisins ne se permettraient plus de réunir chez eux leurs amis pour y attirer le démon comme ils le faisaient sans beaucoup de malice, prétendant simplement que c'était leur

coutume. Les médailles de saint Benoît enfermées dans chaque case ne le permettraient pas, et voilà pourquoi le silence continue à régner autour de N.-D. des Anges. » (Lettres de Mme Chevalier).

Sacred Heart Mission (Territoire indien), Etats-Unis, 10 août 1887. — « De tous les points du territoire, nos pauvres Indiens n'ont qu'une voix pour demander la fondation d'écoles catholiques. Ils ne veulent pas envoyer ou n'envoient qu'à regret leurs enfants aux écoles protestantes. Oui, mais pour bâtir des écoles, il faut de l'argent... A qui s'adresser pour en avoir?... La prudence me faisant un devoir de ne pas contracter de dettes, je dus arrêter les travaux commencés. Cependant je promis à N. B. P. saint Benoît de lui consacrer le centième de tout ce que nous dépenserions ici pour nos écoles. « Que saint Benoît, me disais-je, nous accorde cette année cent mille francs pour nos petits Indiens, et j'en envoie mille à son sanctuaire des bords de la Loire. » (Saint-Benoit-sur-Loire, où repose le corps du B. Patriarche).

Nous nous préparâmes de notre mieux à célébrer sa fête (de la translation de son corps en France, 11 juillet). Il est bon que vous sachiez que la poste arrive ici le dimanche et le mercredi. Le dimanche, 10, on me remit le courrier au moment où nous allions chanter les premières vêpres de la fête. Je me disais à moi-même : « Sans doute, saint Benoît n'a pas manqué d'envoyer à ses enfants d'Amérique, à l'occasion de sa fête, quelques étrennes. » J'ouvre donc, le cœur plein d'espérance, toutes les lettres qui me sont remises, mais, à mon grand désappointement, je n'y trouve pas le moindre centime. Nous n'en célébrâmes pas moins avec joie cette grande solennité, qui fut suivie d'une octave ici comme dans nos autres monastères.

Le mercredi, 13, nous amena un nouveau courrier, et cette fois rien encore. J'avoue que je fus tenté de me plaindre à N. B. Père de ce qu'il semblait oublier ainsi des enfants qui l'aiment d'un amour si filial et qui observent sa règle avec tant de fidélité.

Le dimanche, 17, arriva un troisième courrier, au moment où nous allions chanter les premières vêpres de l'octave. Sans que personne dans la communauté eut été informé de rien, on prit les tons les plus solennels et les vêpres se chantèrent avec une ampleur et une majesté telles que depuis plusieurs années, me disait-on, l'office n'avait été célébré aussi solennellement à Sacred Heart Mission.

Aussitôt après les vêpres, je réunis tous les religieux au chapître, et je les félicitai de la pompe inaccoutumée qu'ils avaient donnée à l'office divin... A votre insu, ajoutai-je, vous

venez de payer à N. B. P. saint Benoît une première dette de
reconnaissance. Alors je leur racontai comment, dans une première lettre, je venais de trouver 500 francs, dans une seconde
12.000 francs et dans une troisième 15.000 francs. Vous auriez
pu voir dans bien des yeux une larme de reconnaissance et de
joie. Mais la reconnaissance ouvre la porte à de nouveaux
bienfaits. « Qu'allons-nous faire, demandai-je à la communauté, pour témoigner dignement notre vive gratitude à N. B.
Père ? » Tous sont d'avis que nous fétions l'octave de la fête
comme la fête elle-même et que nous couronnions toutes les
cérémonies de ce jour par un salut solennel et le *Te Deum* d'actions de grâces. Ainsi fut fait.

Pour le salut solennel, les frères vont chercher dans la forêt
voisine des arbres qui, dressés à côté de l'autel, seront cou-
verts de fleurs et de lumières. Pendant ces préparatifs, une
voiture que nous n'attendions pas arrive au monastère. Ce sont
quatre messagers qui nous apportent la nouvelle que l'Eden du
Territoire indien, situé dans la nation des Choctans, va désormais nous appartenir. Cet Eden est une immense propriété couverte de vallées, de collines, de bois, de prairies et de fontaines,
et partout étalant à vos regards des terres d'une fertilité prodigieuse. Trente fontaines des eaux les plus riches, d'une frai-
cheur et d'une limpidité merveilleuses arrosent ce nouveau
Paradis terrestre. Ce superbe coin de terre appartient à un
sénateur de la tribu des Choctans qui, désireux plus que tout
autre de voir surgir dans sa nation des écoles catholiques, a
bien voulu, en bonne et due forme, nous céder la partie de sa
propriété où coulent les plus belles fontaines. Telle est la bonne
nouvelle qui nous était apportée au moment où nous allions
chanter notre *Te Deum* d'actions de grâces. Inutile de dire
comme, pendant le salut, toutes les voix vibraient de bonheur,
de gratitude et d'amour.

Cependant N. B. P. saint Benoît n'avait pas encore dit son
dernier mot. L'octave de la fête était terminée, mais nous
avions résolu de payer à notre glorieux Patriarche, jusqu'à la
fin du mois, un tribut particulier de piété filiale. Or, trois
jours après ces événements, un nouveau courrier nous apporte
une lettre des plus consolantes, venant confirmer définitivement
des espérances que nous avions déjà. Une très noble et très
pieuse famille s'est offerte à nous construire dans le territoire
trois écoles où les petits indiens et les petites indiennes devront
être élevés par nous, instruits, nourris, logés et habillés. En
retour d'un si généreux bienfait, cette excellente famille nous
demande seulement de donner à ces fondations les noms de
ses trois enfants. Nous allons donc avoir Sainte Elisabeth chez
les Osages, Saint Louis chez les Comanches et Saint Michael's

Mission chez les Choctans... Chacune des écoles que nous fondons nous donne droit à 80 hectares de terre. Ce serait néanmoins une illusion de croire que les moines du Territoire indien vont désormais pouvoir vivre dans l'opulence. Faute de bras pour tirer du sol les richesses qu'il renferme, ils resteront longtemps encore aussi pauvres que précédemment, avec les charges de soutenir des œuvres demandant des ressources considérables. Ces écoles bâties par la charité, il nous faudra les entretenir. Dans chacune, il nous faudra une chapelle, des ornements et tout ce qui est nécessaire pour le culte divin... » (Lettre du R. P. D. Ignace Jean, Préfet apostolique du Territoire indien. — Extrait de la *Revue bénédictine*, octobre 1887).

Dole-du-Jura, 11 juillet 1898. Fête de la Translation du Corps de saint Benoît en France.

X. GUICHARD, curé.

VINGT-SIXIÈME BULLETIN

MONGOLIE. — *Acquisition d'un terrain*. SCHEUT (Belgique), 21 août 1889. — «... Outre Monseigneur Van Aertselaer (Vicaire apostolique de la Mongolie centrale), qui a grande confiance dans les médailles de saint Benoît, et qui se propose d'en faire usage dans toutes ses difficultés, je vous prie de me permettre de recommander à votre charité le R. P. Bermyn, missionnaire des Ortos, qui va regagner sa lointaine mission. Ce zélé et saint confrère est parvenu à mener à bon terme une affaire excessivement épineuse, où tous ses devanciers depuis 20 ans avaient échoué, et que nous désespérions de voir réussir jamais. Il s'agissait de l'acquisition d'un immense terrain, dont nous avions besoin pour étendre nos chrétientés. Le P. Bermyn affirme ne devoir son splendide succès qu'à l'heureuse idée qu'il a eue de placer, par ci par là, des médailles de saint Benoît sur le terrain en question. Vous comprenez que depuis lors sa confiance en ces précieuses médailles n'a fait que grandir, et qu'il vous serait infiniment reconnaissant si vous vouliez bien lui en faire tenir un petit paquet. » (Lettre du R. P. Lievens, missionnaire du Sacré-Cœur de Marie).

Demande de Médailles. MONASTÈRE DE LA TRAPPE DE N. D. DE CONSOLATION (Chine), 15 novembre 1895. — « A diverses reprises nous avons reçu le Bulletin relatant les miracles ou faveurs obtenus par la médaille de N. P. saint Benoît. Maintenant comme toujours, on peut dire : *Mirabilis Deus in sanctis suis !* Il nous serait bien agréable d'avoir la collection complète de ces Bulletins... De plus, combien il me serait agréable et *utile* de recevoir une provision de médailles de N. P. saint Benoît. Sans cesse nos chrétiens chinois, qui ont une grande dévotion à cette médaille et qui appellent saint Benoît « le grand chasseur du diable », nous en demandent. » (Lettre du R. P. Dom Marie Bernard, Abbé de la Trappe).

Faveurs obtenues a Jaffna (Ceylan). — Jaffna, 20 août 1898. — « Un enfant étant malade on lui fit toutes sortes de remèdes, sans aucun résultat ; les parents eux-mêmes désespéraient de sa guérison. Quelqu'un leur conseilla d'avoir recours aux moyens spirituels. On s'adressa à saint Benoît et l'on fit boire à l'enfant de l'eau dans laquelle on avait plongé la médaille et on lui en lava le corps. Peu après il était complètement guéri. Mais voilà que quelques mois après il retomba malade ; on s'aperçut alors qu'il n'avait plus la médaille de saint Benoît qu'on lui avait attachée au cou. On lui en donna une nouvelle, et les parents eurent la joie de le voir revenir de nouveau à la santé.

Il y a environ 2 ans, quelques pêcheurs, jaloux de ce que leurs voisins prenaient beaucoup de poissons, firent venir un sorcier païen et lui promirent une récompense s'il réussissait par ses maléfices à empêcher ces gens de faire d'aussi belles pêches. Le sorcier prépara une certaine huile qu'il appliqua aux bateaux de ces pêcheurs, et avec l'aide du démon, sans doute, il obtint que les propriétaires de ces bateaux ne prenaient presque plus de poissons. Un jeune homme, fort dévot à saint Benoît, ayant appris le fait, leur conseilla d'attacher une médaille à chaque bateau, ce qui fut fait aussitôt, et depuis ce temps-là leur pêche est aussi abondante qu'auparavant.

Il y a quelque temps, des mahométans vinrent pêcher dans un endroit de la mer plus spécialement réservé aux chrétiens. Ces derniers, désirant se débarrasser de ces voisins gênants, jetèrent en cet endroit des médailles de saint Benoît. Le bon Saint justifia leur confiance : des poissons énormes vinrent et détruisirent les filets des mahométans.

Une femme du village de Natchikuda, qu'on disait être possédée du démon, avait quitté sa famille et ne voulait plus habiter que la forêt. Sur la recommandation du missionnaire, on lui mit au cou une médaille de saint Benoît. Peu après elle revint à la maison ; elle s'occupe maintenant avec beaucoup de zèle des soins de sa famille.

Dans une des petites iles qui entourent Jaffna, deux jeunes filles chrétiennes, deux sœurs habitaient avec leurs parents. Il y a quelque temps, elles eurent comme des attaques de catalepsie ; elles étaient comme mortes et ne pouvaient parler. Les deux sœurs ayant ces crises en même temps et seulement la nuit, les parents pensèrent qu'il pourrait y avoir là quelque chose de diabolique, aussi s'empressèrent-ils de donner à chacune une médaille de saint Benoît. Depuis qu'elles portent ce saint talisman, ces accès ne sont plus revenus.

Tous ces faits prouvent une fois de plus combien saint Benoît est puissant, et comme il protège ceux qui ont confiance en sa médaille.

Les notices tamoules sur la médaille de saint Benoît ont été toutes distribuées. J'en ai envoyé un peu partout à Ceylan et dans l'Inde. Il serait à désirer qu'un beaucoup plus grand nombre put être donné dans les pays tamouls. J'attends avec impatience le nouvel envoi de médailles, et je prie saint Benoît de vous suggérer cette fois d'en mettre une *grande* provision. » — (Lettre du Frère Groussault, O. M. I.).

Beyrouth, 6 décembre 1897. — «... C'était dans un village de la grande plaine de la Bekaa. Plusieurs notables de l'endroit avaient appelé les protestants pour que ceux-ci ouvrissent une école chez eux. Les protestants arrivent, et comme ils n'avaient pas encore de local, ils s'établissent dans la maison d'un de ceux qui les avaient fait venir. Les classes s'ouvrent ; sept ou huit élèves fréquentaient déjà cet établissement improvisé ; le fils du maître de la maison était du nombre. Le P. Hawa apprend la nouvelle ; il donne une médaille de saint Benoît à cet enfant, fils du maître de la maison, en lui recommandant de la porter sur lui, sans pourtant rien faire voir de ses intentions. L'enfant ne fait nulle difficulté et met la médaille. A quelque temps de là, le P. Hawa rencontre le père de l'enfant. Cet homme lui dit en riant : « Mais vous avez ensorcelé mon garçon ; car je ne sais ni pourquoi ni comment, sitôt que mon fils eut reçu votre médaille, il s'est mis à se quereller avec son maître ; il y a eu une histoire ; j'ai eu vent de la chose, j'ai soutenu mon fils, si bien que voilà le maître parti, et les protestants sortent du village. »

Voilà un fait propre à augmenter la foi en la sainte médaille. C'est sous le nom du bon P. Hawa qu'il doit être publié, si vous en faites mention. »

Demande de médailles de saint Benoît. JAFFNA (Ceylan). — Chaque jour nos Indiens m'assiègent pour avoir des médailles de saint Benoit. Je me confie à votre généreuse charité. (Lettre du R. P. Blachot, O. M. I. — Annales de la sainte Face, février 1898).

Khorté (Syrie). — Notre école Saint-Ferjeux, à Khorté, compte 120 enfants au moins. La première classe comprend 40 enfants. Le deuxième cours fait par un Grec melchite du pays, n'a pas moins de 80 enfants de 3 à 10 ans, qui tous savent les prières et les premiers éléments du catéchisme et de la lecture. Ici la protection de saint Benoît a fermé et chassé pour jamais, espérons-le, les écoles hérétiques depuis quelques années. La médaille miraculeuse de saint Benoît mise dans le mur des Américains les a fait décamper le lendemain même, par le moyen de la police qui s'indignait de voir ouvrir une école étrangère sans firman de Sa Majesté ». (Lettre du R. P. Laperrière, S. J. — Compte rendu de l'*OEuvre des Missions d'Orient* a Besançon. Avril 1898).

Zanguebar, hôpital de Gulioni (suite. Voir le *XXVe Bulletin*), juin 1888. — « Avec le concours de saint Benoît, je viens d'entreprendre une possédée. Je lui ai passé au cou la médaille bénie ; elle boit un médicament dans lequel elle trempe elle-même sa médaille, elle me dit qu'elle veut *croire*. Priez donc avec moi, et Dieu m'accordera peut-être le bonheur de voir cette jeune femme débarrassée des terreurs diaboliques qui, à chaque crise, lui font pousser les cris perçants qui attirent les voisins. »

3 février 1889. — « Notre bon saint Benoit continue à nous aider bien visiblement. Ses précieuses médailles sont toujours reçues avec le même empressement. Hier encore est mort un pauvre garçon avec cette médaille au cou. Ma chère voisine, la possédée, continue à invoquer saint Benoit et aussi à vivre bien paisiblement, et à me faire de très fréquentes visites. » (Lettres de Mme Chevalier.)

Dole-du-Jura, le 13 novembre 1898. Fête de tous les Saints de l'Ordre de saint Benoît.

X. Guichard, Curé de Dole.

Vicariat Apostolique de Corée. — A la fin de l'année 1887, nous avions acheté un vaste terrain pour y construire les divers établissements qui nous manquent et nous commencions à travailler quand, en janvier 1888, on nous demanda nos titres de propriété ; je les donnai sans hésiter au ministre des affaires étrangères coréen qui ne tarda pas à en contester la légitimité et à mettre en avant toutes sortes de prétextes pour nous arrêter. Prévoyant alors l'orage qui allait éclater, les missionnaires présents à Séoul ont fait le vœu de dédier à saint Benoît une chapelle dans notre future cathédrale, s'il nous obtenait la grâce de surmonter tous les obstacles que nous suscitait et nous susciterait le gouvernement coréen. Un jour le ministre coréen, accompagné de M. Denny, conseiller du roi, et de M. Weber, consul de Russie, arrivent sur place pour vider le différend. Le ministre voulait prouver à ces Messieurs que nous étions des voleurs, prétendant qu'il existait dans les archives du temple voisin une pièce à conviction, déclarant que la colline sur laquelle nous étions établis était une propriété royale et réservée ; de fait, il donne l'ordre d'apporter les archives de la pagode royale ; le courrier essoufflé apporte un grand livre écrit en chinois et le remet au ministre. Du doigt celui-ci indique à Monseigneur une ligne de caractères à la fin d'un article ; c'était la preuve des droits de l'Etat sur le terrain. Sa Grandeur examine le texte dans le silence général. Mais combien les ruses de l'enfer sont faibles devant les desseins de Dieu ! Monseigneur remarque du premier coup que le fameux texte est écrit de frais, tandis que les lignes précédentes sont imprimées de vieille date, et passant le livre au consul de Russie : « Voyez, dit-il, ce qu'on a le front de nous présenter : un texte écrit pour la circonstance et le besoin de la cause ! M. Weber regarde, M. Denny regarde. Il n'y a pas de doute possible, nous sommes en présence d'un faux manifeste. « Depuis quand est-ce écrit? demande Monseigneur au ministre ; voyez plutôt si l'encre n'est pas fraiche. » La morgue insolente du ministre a disparu ; de rouge de colère qu'il était il n'y a qu'un instant, il est devenu blême de honte ; tout son monde est consterné ; personne n'ose plus invoquer d'autre prétexte. Gloire à saint Benoît qui veut visiblement une chapelle dans notre future église ! » — (Extrait d'une lettre de M. l'Abbé Poisnel. — Annales de la Propagation de la Foi. septembre 1888).

Une lettre de Mgr Blanc ajoute à cette relation des détails pleins d'intérêt : « Cependant, écrivait Sa Grandeur, messire Satanas ne pouvait lâcher la partie aussi vite; donc, peu à peu, la honte disparaissant, le courage revint à nos adversaires ; la politique d'encrier ne réussissant pas non plus, un beau jour, sous un prétexte futile, on emprisonna trois élèves de notre petit séminaire, qu'on ne voulut nous rendre qu'en échange de notre terrain!!! Ils subirent deux longs mois de prison et ne furent délivrés qu'un mois après l'arrivée de M. Collin de Plancy, ministre de France en Corée. Depuis lors, nous sommes censés avoir fait la paix avec le Tok-hpan, cependant il ne veut point nous rendre nos titres de propriété. J'attendais cela pour vous écrire, mais peut-être aussi que saint Benoît attendait que je vous écrivisse ma reconnaissance pour nous les faire rendre. Voilà qui est fait. A saint Benoît de compléter notre victoire, et à vous, M..., reste, j'ose l'espérer, le devoir de nous envoyer un beau tableau de saint Benoît pour mettre dans la chapelle qui lui est destinée dans notre future cathédrale. — Je vous suis bien reconnaissant de vos deux envois de médailles (de saint Benoît). J'ai eu la joie de voir mes chrétiens se les disputer, quand je leur en eus expliqué l'efficacité... » — (Lettre de S. G., Mgr Blanc, Vicaire Apostolique de Corée).

Le Compte rendu des travaux de la Société des Missions Etrangères de 1890 donne la fin de cet épisode et nous montre saint Benoît récompensant la foi de Mgr Blanc : « Un terrain avait été acheté et nous étions en train d'élever les premières constructions nécessaires au fonctionnement de nos œuvres. Cependant le gouvernement coréen, sans exercer envers nous des actes d'hostilité ouverte, n'avait point encore consenti à nous rendre nos titres de propriété, confisqués en 1888. Cette détention injuste était pour Sa Grandeur un sujet de sollicitude qui empêchait sa joie d'être complète. Avant de mourir, Mgr Blanc eut la satisfaction de voir cet obstacle levé. A l'époque du premier de l'an coréen, grâce à l'intervention intelligente et dévouée de M. Collin de Plancy, les papiers nous furent restitués. Cet événement fut salué avec des démonstrations presque enthousiastes. N'accusait-il pas, en effet, un revirement dans la politique qui nous avait persécutés jusqu'ici, et un pas en avant vers la tolérance de la doctrine catholique que nous enseignons ? »

TABLE DES MATIÈRES

Pages

DOLE — IMPRIMERIE COURBE-ROUZET

9 782329 738697